세기의 주식 투자가 워렌 버핏에게 배우는 경제경영

부자가 꿈이라면
워렌 버핏처럼

세기의 주식 투자가 워렌 버핏에게 배우는 경제경영

부자가 꿈이라면
워렌 버핏처럼

1판 1쇄 인쇄 | 2018년 12월 20일
1판 1쇄 발행 | 2018년 12월 25일

지은이 | 성기환
펴낸이 | 윤옥임
펴낸곳 | 브라운힐
서울시 마포구 신수동 219번지
대표전화 (02)713-6523, 팩스 (02)3272-9702
등록 제 10-2428호

ⓒ 2018 by Brown Hill Publishing Co. 2017, Printed in Korea

ISBN 979-11-5825-063-8 73320
값 12,000원

*무단 전재 및 복제는 금합니다.
*잘못된 책은 바꾸어 드립니다.

초중생 경제경영 시리즈

세기의 주식 투자가 워렌 버핏에게 배우는 경제경영

부자가 꿈이라면 워렌 버핏처럼

성기환 지음

경제개념은 어렸을 때부터다!
막연한 부자가 아닌 지혜롭고 선한 부자가 되라!

브라운힐 주니어

전설의 주식투자자 워렌 버핏을 보며
부자를 꿈꾸는 아이들

워렌 버핏이 살아온 인생을 살펴보면 그는 절대 우연을 믿지 않고 수학적으로 빈틈없이 살아왔으며 누구보다 정직하게 살아왔다는 것을 알 수 있습니다. 그래서 사람들은 그런 버핏을 갑부나 부자라고 하질 않고 그저 한결같이 오마하의 어진 사람이라고 부릅니다. 그 이유는 그가 모든 면에서 인격을 갖춘 사람이기 때문이지요.

머리말

　가장 인자한 할아버지와 같은 모습의 워렌 버핏은 투자의 신화를 이룩하여 세계에서 가장 성공한 몇 안 되는 인물이면서 또한 인품 또한 뛰어난 인물입니다.
　워렌 버핏이 살아온 인생을 살펴보면 그는 절대 우연을 믿지 않고 수학적으로 빈틈없이 살아왔으며 누구보다 정직하게 살아왔다는 것을 알 수 있습니다. 그래서 사람들은 그런 버핏을 갑부나 부자라고 하지 않고 그저 한결같이 오마하의 어진 사람이라고 부릅니다. 그 이유는 그가 모든 면에서 인격을 갖춘 사람이기 때문이지요.
　그는 어렸을 때부터 누구보다 부자의 꿈을 꾸었던 사람입니다. 그 꿈을 이루기 위하여 그는 누구보다 책을 많이 읽었으며 그 속에서 부자가 되기 위한 기초체력을 길렀지요. 어린이가 투자에 관련된 그 어려운 책을 사전을 찾아가며 읽었던 것은 유명한 이야기입니다.
　책을 통해 이렇게 얻어진 지식을 자신의 능력으로 바꾸어 버린 버핏은 어렸을 때부터 주식에 호기심을 보이기 시작합니다. 이때가 예닐곱 살 정도였다고 하니 정말 놀랍지 않을 수 없지요. 아무튼 버핏은 이때부터 주식시장의 동향을 살피기 시작할 정도로 흥미를 가지고 있었습니다.

이러한 것이 부자의 원동력이 되게 한 것이지만 워렌 버핏은 자신의 성공비결에 독서를 빼놓지 않습니다. 어려서부터 독서에 심취했지만 투자의 신화를 만들어낸 오늘날까지도 그의 독서 습관은 여전하다고 합니다.

독서는 생각의 전 단계라는 것을 잊지 마십시오. 독서를 통하지 않고서는 깊은 생각과 너른 판단을 가질 수 없습니다.

이 책을 읽은 여러분은 거의 부자가 되길 원하고 있을 것입니다. 그러나 부자는 저절로 만들어지는 것이 아니라 노력을 통해 방법을 알아가 성취하는 것입니다. 불가능한 것이 아니고 가능한 것입니다.

부자에 대한 희망을 버리지 마십시오. 부자의 삶을 따라가십시오. 그가 왜 부자가 되었는가에 대한 이유를 알았을 때 진정 여러분도 부자가 될 수 있는 조건을 갖추게 되는 것입니다. 부자는 부자가

된 이유가 있습니다. 성공한 사람은 분명 성공한 이유가 있습니다.

이 책을 쓰면서 그것을 느꼈고 그런 뒤 항상 내가 주장하는 것은 바로 이 말입니다.

명성을 쌓기까지는 평생이 걸리지만 그 명성을 잃는 데는 단 5분밖에 걸리지 않는다고 그는 아들에게 말했습니다. 이것이 그의 소신이었고 자신의 명성을 지키기 위해 늘 노력을 한 것도 성공의 정점을 향해 달리게 한 에너지였다는 것을 우리는 알 수 있습니다.

오늘 어떤 사람이 나무그늘에 앉아 있을 수 있는 이유는 누군가가 오래 전에 나무를 심어 놓았기 때문이라고 한 말 속에서 또한 우리는 그가 왜 자신의 천문학적 재산을 거의 사회에 환원하고 있는가를 깨닫게 해줍니다.

누군가를 모델로 삼아 훌륭한 삶을 만들어 간다는 것은 매우 중요합니다. 자신을 경영하는 것이 얼마나 중요한 것인가는 어느 정도 어른이 되었을 때 아주 절실하게 깨닫게 한다는 것을 기억하십시오.

세상에서의 가난은 그 무엇도 해결해 준 적이 없습니다. 그러나 부유함은 많은 것을 해결해 줍니다. 그래서 사람들은 너도나도 부자가 되길 원하고 그러기 위해서 열심히 노력하는 것이 아닐까요?

부자가 된다는 것은 행복한 일입니다. 그 길을 향해 노력하며 묵묵히 걸어가는 일도 역시 행복한 일입니다. 자신의 목표가 정해지고 그 목표를 향해 가는 여러분이 되십시오. 게으르고 태만한 사람이 되어가지고는 절대 부자가 될 수 없다는 점을 유념해야 합니다.

여러분이 워렌 버핏을 만나고 빌 게이츠를 만나고 또 잭 웰치를 만난 것은 정말 행운이 아닐 수 없습니다. 그들이 어떻게 성공했는가 하는 그 비결을 알 수 있는 것만도 부자의 문에 들어설 수 있는 가능성을 찾은 것입니다.

부자를 꿈꾸는 아이들만이 부자가 될 수 있습니다. 왜냐하면 꿈은 꾸는 대로 이뤄지기 때문입니다.

지은이 성기환

차 례

머리말 8

제1장

현명한 투자자, 오마하의 현인

전설의 주식투자자, 워렌 버핏은 누구인가? / 16
부자가 되겠다고 생각한 아이 / 22

제2장

고향으로 돌아오다

전설을 만들어 가다 / 30
목표를 세워 부자가 되길 원하다 / 38
부자의 약속 / 47
현명한 투자를 가르친 사람 / 51
아들에게 전하는 아버지의 가르침 61

제3장

버크셔 해서웨이의 길

나는 투자자입니다. 우량주를 좋아하느냐고요? / 72

제4장

버핏이 만난 사람들

환상적 콤비로 성공의 신화를 만들다 / 82
혼자 일을 해낼 수 있는 사람이 좋은 파트너다 / 89
기회가 왔을 때 놓치지 마라 / 99
깨달을 수만 있다면 모든 것이 교훈이다 / 106

제5장

버핏의 재미있는 일화

자네는 미성년자잖아 / 114

부록

부자가 되기 위해선 꼭 알아두어야 할 **경제 용어** / 127

부자가 되기 위해선 꼭 알아두어야 할 **주식 상식** / 149

제1장

...

...

현명한 투자자 오마하의 현인

"오늘 어떤 사람이 그늘에 앉을 수 있는 이유는
오래전에 누군가 나무를 심어 놓았기 때문이다."

전설의 주식투자자, 워렌 버핏은 누구인가?

버핏은 어렸을 때부터 주식에 호기심을 보이기
시작합니다 이때가 예닐곱 살 정도였다고 하니
정말 놀랍지 않을 수 없지요

 1930년 8월 30일, 이날은 20세기에 전설적인 투자신화를 만든 워렌 버핏이 탄생한 날입니다. 그가 이 세상에 태어났을 때는 그 누구도 그가 훗날 주식투자의 세계에서 가장 손꼽히는 사람이 될 것이라고는 생각하지 못했습니다.
 그는 단지 미국만의 신화가 아니라 전 세계 사람들의 신화가 되었다고 말해야 되겠지요. 그는 세계에서 가장 성공한 투자가이며 지주회사인 버크셔 해서웨이를 이끄는 전설의 인물입니다. 그는 천재적 사업가가 되어 지금도 열심히 돈을 벌기 위해 투자를 멈추지 않고 있습니다.

그가 미국사회에 끼친 영향은 여러모로 의미가 큽니다. 그의 검소한 인품이나 철저한 분석력, 그리고 과감성 등은 미국인들이 세상에서 가장 닮고 싶은 사람의 한 사람이고 그가 살아온 인생을 또한 닮고 싶어 합니다.

세계적인 신화를 만들었다고 사람들이 칭찬해도 그는 여전히 시골 고향에서 평범한 사람처럼 살아가는 그저 그런 할아버지이고 빌 게이츠와 세계 제1위의 부자를 놓고 쟁탈전을 벌이고 있으면서도 영락없이 온화한 미소를 짓고 있는 그런 할아버지일 뿐입니다. 그의 모습 어디에서도 그가 주식투자로 전설을 만든 워렌

버핏이라고는 보이지 않아요.

워렌 버핏이 살아온 인생을 살펴보면 그는 절대 우연을 믿지 않고 수학적으로 빈틈없이 살아왔으며 누구보다 정직하게 살아왔다는 것을 알 수 있습니다. 그래서 사람들은 그런 버핏을 갑부나 부자라고 하질 않고 그저 한결같이 오마하의 어진 사람이라고 부릅니다. 그 이유는 그가 모든 면에서 인격을 갖춘 사람이기 때문이지요.

네브래스카 주 오마하에서 태어난 워렌 버핏의 가문은 이미 오마하에서 정치적으로나 상업적으로 성공한 가문이었습니다. 그가 태어나던 전 해 1929년에 시작된 경제 대공황이 미국 전역을 위력적으로 휘몰아치고 있었음에도 그것을 이겨낼 수 있을 정도로 여유가 있었던 탄탄한 집안이었습니다.

워렌 버핏의 아버지는 공화당 하원의원인 하워드 호먼 버핏이었고 그의 어머니는 레일라였습니다. 어머니는 네브래스카 대학에 학자금을 벌기 위해 들렀다가 우연히 하워드 호먼 버핏을 만나 결혼하게 되었습니다.

버핏의 아버지는 과묵한 성격으로 모든 면에 진지했으며 이러한 아버지를 버핏은 가장 존경한다고 합니다. 그리고 어머니 레일라는 성격이 따뜻하고 유머가 있었으며 언제나 활기가 넘쳐

난 여성이었습니다.

이러한 환경에서 자란 버핏이 세상에서 가장 존경한 아버지의 점잖은 인품과 유머가 풍부하며 따뜻했던 어머니의 성품을 닮은 것은 너무나 당연한 일이었겠지요.

어릴 때부터 버핏은 숫자를 기억하는 비상한 능력을 가지고 있었으며 숫자를 보는 능력은 사람들이 혀를 내두를 정도였고 어려운 책이긴 하나 투자에 관련한 서적은 닥치는 대로 모두 읽을 정도였습니다. 이해되지 않는 부분은 사전을 이용하거나 누구에게든 물어 꼭 이해를 하고 넘어갔습니다.

책을 통해 이렇게 얻어진 지식을 자신의 능력으로 바꾸어 버린 버핏은 어렸을 때부터 주식에 호기심을 보이기 시작합니다. 이때가 예닐곱 살 정도였다고 하니 정말 놀랍지 않을 수 없지요. 아무튼 버핏은 이때부터 주식시장의 동향을 살피기 시작할 정도로 흥미를 가지고 있었습니다.

우리로서는 상상하기 힘든 일이 아닐 수 없습니다. 불과 여섯, 일곱 살 때부터 주식에 관심을 보였다는 게 과연 보통 사람들이 상상할 수 있는 일일까요? 더구나 주식이란 것은 통계를 매우 중요시하기 때문에 어린 아이가 거기에 관심을 보인다는 것은 결코 쉽지 않은 일입니다.

그러나 이것은 사실이었어요. 그는 어려서부터 일찍 돈을 버는 일에 관해 관심이 많았는데 한 마디로 말하자면 돈 버는 법을 일찍 깨우쳤다고 볼 수 있고 어렸을 때부터 훈련이 되어 있었다는 이야기가 됩니다.

워렌 버핏은 부자가 되는 과정에서 평생을 투자자로서 지켜왔던 법칙이 하나 있었는데 그것은 성공한 수익률 20%였습니다. 무슨 말인가 하면 자신이 돈을 투자했을 때 수익률이 20%는 되어야 한다는 이야기이고 그 이하로 예측되는 투자는 하지 않는다는 것이지요.

그런데 성공한 수익률 20%에 대한 재미있는 일화가 있습니다. 이 이야기는 그의 이야기를 할 때 꼭 등장하는 이야기지요.

버핏이 여섯 살 때였어요. 이 어린 아이가 코카콜라를 판매했는데 6병들이 콜라 한 상자를 25센트에 사와서 낱개로 하나에 5센트씩 받고 팔았습니다. 다 팔고나자 그의 손에는 30센트가 쥐어져 있었습니다. 그렇다면 수익은 얼마였겠어요?

이 수익률이 바로 20%였고 이때의 경험과 경력이 버핏의 투자 인생에서 하나의 굳건한 목표가 되었습니다. 그 목표가 또한 훗날 버핏을 세계의 대부자로 탄생케 한 원동력이 되었음은 물론입니다.

　이렇듯 어렸을 때 그 어떤 동기가 평생 좌우명이 될 수도 있고 목표를 달성하기 위한 이정표가 될 수도 있고 또 자기가 어떤 인물이 될 것인지를 만들 수도 있습니다. 콜라를 판매해서 남긴 이익금의 20%가 버핏의 일생을 따라다니며 성공의 길로 안내한 것은 아무리 우연이었다 해도 목표를 제시했다는 점에서 그에게는 커다란 사건이었고 중요한 동기였습니다. 성공은 바로 동기가 마련되어야 합니다. 그것이 바로 성공의 핵심이 되고 에너지가 되는 것입니다.

부자가 되겠다고 생각한 아이

아버지를 통해 올바른 행동이 어떠한 것이고 사회가
어떻게 돌아가는지를 잘 파악하면서 미래에 자신이
어떠한 사람으로 세상에 남아 있을까를 생각하곤 했지요

버핏은 어릴 때부터 돈 버는 일에 모든 신경을 쏟을 만큼 부자에 대한 집착이 대단하였습니다. 돈을 벌기 위해 신문배달을 했고 그 돈을 알뜰하게 차곡차곡 모아두는 일, 그 일이 버핏에게는 세상에서 가장 중요하고 즐거운 일이 되었습니다.

부자가 되기 위해선 자본금에 해당하는 돈이 있어야 한다는 것을 진즉 깨달은 어린 버핏은 그러나 그것을 부모에게 의지한다는 생각은 추호도 없었고 자신 스스로 만들어 가야 한다는 생각을 버리지 않았습니다. 그랬기에 돈을 버는 일이라면 신문배달은 물론 콜라를 파는 것도 마다하지 않았습니다.

훗날 그는 어렸을 때 이러한 사고방식과 행동이 성공의 밑거름이 되었다고 말했습니다. 남에게 의뢰하는 마음이 생기면 용기가 줄어들고 자신감을 상실하게 된다는 것을 깨닫게 된 것이지요. 그래서 그는 모든 일을 하나하나 자신의 힘으로 만들어 가기 시작한 것입니다.

그러면서도 아버지를 통해 올바른 행동이 어떠한 것이고 사회가 어떻게 돌아가는지를 잘 파악하면서 미래에 자신이 어떠한 사람으로 세상에 남아 있을까를 생각하곤 했지요. 그러면서도 그가 항상 가슴속에 간직한 것은 열심히 올바르게 살아가려는 것이었습니다.

버핏은 신문배달을 하면서 모은 돈으로 이미 고등학교 시절에 네브래스카 북서쪽에 있는 5만평 정도의 땅을 샀습니다. 물론 이 땅은 자기 아버지의 소유였지만 버핏은 아버지에게 돈을 지불하고서 당당하게 이 땅의 주인이 되었습니다. 그리곤 이 땅을 농민들에게 빌려주고 임대료 수익을 챙겼습니다.

이런 몇 가지 일들을 살펴보면서 우리는 버핏이 보통 아이가 아니었다는 것을 알게 됩니다. 부자가 되겠다는 생각으로 어렸을 때부터 보인 그의 행동은 점차 성장하는 것과 함께 몸에 단단히 익히게 되었으며 이 모든 것들로 말미암아 생겨난 성공은 목표를 향한 집념으로 이룩된 결과입니다.

어려서부터 범상치 않은, 이러한 여러 가지 행동을 보인 버핏은 고등학교를 졸업할 무렵, 주식시장에서 이미 상당한 수준의 전문가가 되어 있었고 20대의 청년은 9,800달러의 재산을 가지고 있었는데 당시의 환율로 보았을 때 이 돈은 상당히 큰 액수였습니다.

그런 버핏에게 일대 운명을 바꿀 만한 일이 벌어집니다. 그것은 가치 투자의 경전이라고 일컬어지는 '현명한 투자자'란 책을 읽고 충격을 받은 것입니다.

이 책은 벤저민 그레이엄 교수가 쓴 책으로써 주식투자에 관해 쓴 책입니다. 이 책을 읽고 버핏은 흥분을 감추지 못한 채 곧바로 뉴욕으로 날아가 그레이엄 교수의 제자가 됩니다. 물론 그리로 달려 간 것은 마침 하버드대 경영대학원에 떨어졌기 때문에 그레이엄이 있는 콜롬비아대학의 경영대학원을 선택해 진학한 것이지만 말이지요.

그들의 운명적인 만남을 위해서, 오늘날의 버핏의 탄생을 위해서 하버드대 경영대학원에 떨어지게 된 것인지도 모른다고 말한다면 억지가 될까요? 아무튼 버핏의 운명은 재미있게도 그렇게 만들어집니다.

　이미 '현명한 투자자'를 읽고 정신적 스승으로 모신 그레이엄의 정식 제자가 되었다는 것은 그로서는 매우 다행스런 일이었고 행운이었던 것은 분명하지요.
　버핏은 여기서 스승과 함께 투자에 대해 활발히 토론할 만큼 주식에 대한 열정과 실력을 단단히 갖추었으며 스승 그레이엄교수에게서 가치 투자에 대한 이론을 하나하나 착실하게 배워나갔습니다.

워렌 버핏은 자신이 벤저민 그레이엄을 만난 것을 다마스쿠스로 가던 사도바울이 예수님을 만난 것과 같은 중대한 전환점이었다고 말합니다. 사도바울은 원래 기독교인을 탄압하러 다마스쿠스로 가는 길에 예수님을 만나 새로운 삶을 시작하고 복음을 전파하고 끝내 순교한 인물이지요.

아무튼 '현명한 투자자'란 책이나 '가치투자'란 무엇인지에 대해서는 다음에 설명하기로 하고 현재 우리가 주목할 것은 그들의 만남에 대한 것입니다.

늘 말하는 것이지만 나는 여러분에게 성공하기 위해서 운명적으로 만나지는 만남이 있다는 것을 강조하고 싶어요. 성공한 사람들은 꼭 그 경험을 합니다. 그것이 바탕이 되고 그것이 힘이 되어 성공을 하게 됩니다. 버핏과 그레이엄이 만난 것도 그것을 단적으로 설명하는 것입니다.

어렸을 때부터 주식에 관한 책을 보면서 그렇게 다져진 그만의 투자 방정식과 투자에 대한 감은 콜롬비아 경영대학원에 다니면서 지도교수로 만난 벤저민 그레이엄에 의해 더욱 단단하게 굳어지고 고정되었습니다.

그레이엄 교수의 판단은 늘 자신이 독자적으로 내렸고 남들의 판단에 좌우되는 일이 없었습니다. 남들의 평가나 전망보다 자기의 판단을 더 우선시 합니다. 그것은 분명 거기에 자신만의 확고한 신념이 있었기에 가능한 일이었고 그 신념에 의한 판단은 언제나 성공을 가져다주었습니다.

버핏은 그런 스승의 투자법을 배우면서 훗날 자신의 투자스타일도 그렇게 따라하게 됩니다. 그것이 토대를 이루었고 자신이 생각한 대로 판단을 하다 후에 다른 사람의 의견에 따른 투자법으로 돌아서기도 했지만, 일정 성공하기까지 그 투자법은 꽤 성공을 거둡니다.

성공한 사람들은 어느 정도 자기의 신념과 고집이 있었고 정확한 판단에 의한 것이 아니면 자신의 판단에 따르는 소신을 굽히지 않습니다. 이런 것도 하나의 성공으로 가는 길에 조건이 되고 있음을 우리는 기억해야 합니다. 물론 책을 통해 많은 것을 알고 있어야 한다는 전제가 마련되어야 하고요. 지식이 부족한 판단은 자칫 실패를 불러오고 낭패를 일으킬 수 있기 때문입니다.

거듭 강조하지만 성공의 기초는 지식입니다. 자신이 선택한 분야에서 그에 따르는 전문적인 지식을 갖추는 일은 더더욱 중요한 일이고요. 그 모든 것은 책 속에 있다는 것을 명심해야 합니다. 성공의 지혜도 마찬가지입니다.

제2장

고향으로 돌아오다

명성을 쌓기까지는 평생이 걸린다.
그러나 그 명성을 잃는 데는 단 5분밖에
걸리지 않는다는 것을 기억해라.

전설을 만들어 가다

그의 머릿속에는 경제에 관한 것 외엔 아무 것도
들어 있지 않을 정도로 오직 경제에 모든 생각을
쏟아 부은 사람이었습니다

청년 버핏은 1956년, 25세 되던 해에 고향인 오마하로 돌아왔습니다. 금융시장의 중심지인 월가에서는 멀리 떨어진 고향이었지만 이곳에서 성공의 뿌리를 내리기로 결심했던 것입니다.

버핏은 무한한 잠재성을 지닌 고향 오마하를 일찍부터 주목했고 이곳에서 자신의 모든 꿈을 걸기로 했습니다.

네브래스카의 성장 가능성을 의심하지 않았고 네브래스카 대학에서 틈틈이 투자에 관련된 강의를 하기도 했습니다. 오마하 시는 거의 모든 활동이 경제에 전념하는 도시였습니다. 그러기에 버핏은 오래전부터 이곳을 주목하고 있었고 선택하게 된 것이지요.

그의 머릿속에는 경제에 관한 것 외엔 아무 것도 들어있지 않을 정도로 오직 경제에 모든 생각을 쏟아 부은 사람이었습니다. 어떻게 하면 투자를 잘해 돈을 많이 벌 것인가에 대해서만 항상 골몰해 있었습니다.

그는 이런저런 생각 끝에 미국의, 아니 세계의 경제 중심지인 월가를 택하지 않고 고향 오마하를 선택하여 고향으로 돌아온 것입니다.

대학을 나온 풋내기 버핏은 개척정신과 중서부 사람 특유의 자립정신을 바탕으로 월가 대신 자신의 고향 오마하에서 사업을 펼치기로 계획하고부터 그것을 하나하나 착실하게 진행해 가기 시작합니다.

그가 사업의 꿈을 가지고 정착한 고향 오마하는 세계 자본주의의 중심지 뉴욕으로부터 무려 1,800킬로미터나 떨어진, 비행기로 3시간30분이나 걸리는 먼 곳입니다. 미국 대륙 한 복판에 있으며 네브라스카 주의 동쪽, 아이오와 주와의 경계에 자리잡고 있는 중형 도시입니다.

이곳이 훗날 버핏이 성공을 거두어 해마다 미국 자본주의의

축제 버크셔 해서웨이 주주총회가 열릴 것이라고 짐작한 사람은 아마 하나도 없었을 것입니다.

고향 오마하에 돌아와 그가 가장 먼저 한 일은 역시 투자였는데 처음 그를 알아주는 사람은 아무도 없었습니다. 다만 주변사람만이 버핏이 주식투자에 대해 상당히 많이 알고 있다는 생각을 하고 있을 정도였지요.

자본이 그다지 많지 않았던 그는 맨 처음 가족 네 명과 친구 세 명을 합쳐 일곱 명으로 투자조합을 만들었습니다. 이들이 내놓은 총액은 10만 5천 달러였으며 조합원들은 오로지 버핏의 판단에 의존하고 따랐습니다. 누구보다 그들은 버핏의 능력을 알고 있었던 것이지요.

조합을 결성한 사람들이 가족과 친구들이다 보니까 그들은 누구보다 버핏을 잘 알고 있었고 어렸을 때부터 그가 부자가 되기 위해 열심히 책을 읽고 적은 액수의 투자이지만 투자를 해서 성공하는 것을 많이 보아왔기 때문에 적어도 자신들보다는 그를 믿는 것이 투자에서 유리하고 성공할 수 있다는 믿음이 생긴 것입니다.

그런 믿음은 시간이 얼마 지나지 않아서부터 현실로 나타나기 시작했습니다. 버핏이 조합을 운영하면서 투자한 주식은 거의 성공을 거두었고 어느 주식은 상상하기 힘들 정도로 높이 뛰었습니다. 가능성 있는 기업을 잘 선택한 것이지요.

그러자 사람들은 그가 추천한 주식은 여하한 일이 있어도 팔지 않을 정도로 그에게 무한한 신뢰를 가지기 시작했습니다. 역시 그들의 판단은 옳았고 기막히게 적중했습니다.

버핏이 투자하는 곳마다 성공을 거두기 시작하고 단번에 재산이 불어나는 것을 눈으로 보면서 그들은 더더욱 버핏을 믿고 따랐습니다.

점차 사람들은 말하기 시작했습니다. 오마하에서 워렌 버핏을 믿고 따른다는 것은 믿을 수 없을 정도로 부자가 될 수 있는 신용장을 들고 있는 것이나 다름없다고 말입니다. 그들은 버핏에게 돈을 투자해 놓고 오로지 그것이 불어나는 것을 바라보기만 하면 되었습니다. 이것은 투자를 한 사람들의 가장 큰 즐거움이자 벅찬 행복이 아닐 수 없었습니다.

투자조합을 운영하는 동안 버핏은 승승장구하여 부를 축적하기 시작합니다. 점차 소문을 듣고 사람들이 몰려들기 시작합니다. 투자조합을 결성한지 얼마 지나지 않은 그 해에 벌써 한 가족으로 구성된 투자조합을 두 개나 결성한 것이 그것을 증명합니다. 불과 6개월 정도 지났을 때에는 재산이 세 배나 늘어나는

놀라운 기적을 만들어냈습니다.

1956년 조합원들이 출자한 총액 10만 5천 달러는 이러한 능력을 지닌 워렌 버핏의 전설적인 투자로 인해 10년이 지난 1967년에는 2,600만 달러로 불어나 있었으니 여러분도 어느 정도 불어났는지 계산해 보기 바랍니다. 약 250배가량 됩니다. 믿어지지 않을 것입니다. 그러나 이것은 사실이고 세상에도 없는 대단한 성공이 아닐 수 없습니다.

1965년 한 해에 다우존스지수가 14.2% 성장한 반면 버핏의 투자조합은 47.2%나 성장했습니다. 다우존스지수보다 항상 10%를 앞서는 것이 목표였던 버핏은 그보다 배가 많은 20%의 성장을 항상 이루었고 십여 년 동안 다우존스지수가 11.4% 상승한 반면 버핏의 투자조합은 매년 29.8%의 초과달성을 하는, 믿을 수 없을 정도로 놀라운 능력을 보였던 것이지요.

버핏을 중심으로 한 투자조합의 성장은 정말 브레이크 없는 전차처럼 멈추지 않았습니다. 그러나 성장이 크면 클수록 버핏은 더 성장시켜야 한다는 부담감에 시달려야 했습니다. 남들의 기대가 크면 클수록 버핏은 감당하기 힘들 정도로 피로를 느꼈고 더 이상 남의 돈이 필요치 않은 그로선 계속해서 남의 돈으로 투자조합을 끌고나가면서 정신적인 부담감이나 피로를 느낄 필요가 없었습니다.

이미 조합에 투자한 사람들도 그랬지만 버핏이 투자한 돈도 상당히 늘어나 있어 혼자만의 힘으로도 얼마든지 편안하게 마음껏 투자를 할 수 있었습니다. 버핏은 이제 투자조합을 해산할 때가 되었다는 생각을 하게 됩니다.

1969년 5월 버핏은 급기야 투자 조합의 해산을 단행합니다. 설립했을 때부터 해산하기까지 성공 신화를 이룩했던 버핏은 7.4%의 수익률에 그쳤던 다우존스지수보다 훨씬 많은 29.5%의

복리로 수익을 올린 것을 비율에 따라 그들에게 정확하게 나누어 주었습니다.

그러나 공교롭게도 조합을 해산하여 투자자들에게 공평하게 수익을 나누어 주고 난 뒤 얼마 지나지 않아 주식시장은 장기간 침체기에 들어섰고 몇 년 후에는 크게 무너졌습니다. 조합을 해체한 시기도 기막히게 맞아떨어진 셈이지요.

만일 이때 해산을 하지 않고 계속 끌고나갔다면 그동안 번 돈의 대부분을 잃어버릴 수도 있었던 것입니다. 그런 것을 예상하여 조합을 해산한 것은 아니었지만 어찌 되었든 결과를 놓고 보면 너무 운이 좋았던 것만은 사실입니다.

다음해 버핏은 조합원들에게 자신의 해체 판단을 존중해 주어 감사하다는 편지를 조합원들에게 보냅니다.

"여러분들은 내가 미리 예측을 해야 한다거나 억지로 꿰맞춰야 하는 논리에서 해방될 수 있도록 해주었습니다. 이제 마음 편히 내 마음대로 할 수 있도록 해준 여러분에게 진심으로 감사드립니다."

이로써 이제 마음 편히 단독으로 경영의 판단을 내릴 수 있게 된 버핏은 투자조합을 경영한 실전 경험을 바탕으로 제 1의 투자자이면서 전문 경인인의 명함을 내걸고 버크셔를 운영하게 됩니다.

 이때 버핏과 함께 투자조합에 투자한 사람들 중 16명은 아직도 오마하에서 살고 있다고 전해지고 있으며 또한 나머지 전국에 퍼져 살고 있는 투자조합 사람들은 후에 버핏이 버크셔를 운영하게 되었을 때 많은 양의 주식을 사들여 톡톡히 재미를 보고 있습니다.

 그들은 버핏의 뒤를 쫓아 투자를 하면서 많은 돈을 벌자 여럿이 함께 모여 자선재단을 세우고 갑부라는 어떤 표시도 내지 않으며 평범하게 살고 있다고 합니다. 마치 버핏이 세계 최고 부자의 한 사람 가운데 올라 있으면서도 검소하게 평생을 오마하 그 집에서 여전히 살고 있는 것처럼 말이지요.

 오마하의 투자자 중 한 사람은 사람들에게 이렇게 말합니다.

 "버핏을 알게 된 우리는 정말 지독하게 운이 좋은 사람들이지요. 할 말은 오로지 그것뿐입니다. 그것뿐이에요."

목표를 세워 부자가 되길 원하다

무조건 자신이 좋아하는 일에 미쳐야 하며 그러다 보면
성공은 스스로 찾아온다고 말합니다. 자신과 맞지 않는
일을 선택한 사람은 성공을 이루기 어렵다고 말합니다.

　세상에서의 가난은 그 무엇도 해결해 준 적이 없습니다. 그러나 부유함은 많은 것을 해결해 줍니다. 그래서 사람들은 너도나도 부자가 되길 원하고 그러기 위해서 열심히 노력하는 것이지요. 버핏을 알게 되어 지독하게 운이 좋았던 그들은 갑부로 살고 있으면서 세상에 필요한 자선을 펼치며 살고 있습니다. 그야말로 부자다운 삶을 살아가고 있는 것이지요. 만일 그들이 가난하였다면 그런 삶을 살아갈 수 있을까요? 그저 자기 사는 것에만 급급해 정신없었을 것입니다.

　우리는 버핏이나 부자가 된 이런 사람들의 삶을 통해 깨닫게 됩니다. 성공적인 삶이란 물질의 풍요만 가지고 있는 것이 아니라 그 풍요로운 물질을 지혜롭게 사용할 줄 알며 주변사람에게도 유익을 주는 것이라고 말입니다. 마치 남을 돕고 사는 것이 부자들의 당연한 일인 것처럼 그들은 그렇게 살고 있습니다.

버핏이 하는 일을 보면 머리가 아플 정도로 일이 많을 것 같은데 실은 그렇지가 않습니다. 그는 매우 단순한 삶을 살고 있습니다. 투자가로서 투자를 제외하면 그가 할 줄 아는 것이라곤 하나도 없다고 합니다.

그러나 그런 그에게도 평생을 지켜온 원칙이 있었다고 하는데 그것은 주변의 다른 사람들과 경쟁하면서 사는 것이 아니라 자기 스스로 높은 목표를 세우고 거기에 맞게 하루하루 최선을 다해 열심히 생활하는 것입니다. 이런 원칙은 성공을 향한 집념을 항상 잃지 않고서 매일 매일을 최선으로 살아간다는 의미이기도 하지요.

아무튼 투자조합의 성공으로 돈과 자신감을 얻은 버핏은 매사추세츠 주의 뉴 베드포드라는 도시에 있는 버크셔 해서웨이라는 섬유회사를 발견하게 됩니다. 이 회사는 내리막길 산업이던 섬유업 때문에 골병이 들긴 했어도 튼튼한 재무구조를 가지고 있다는 것이 장점이었습니다.

그러나 사람들은 이 회사를 그야말로 누군가 피우다 버린 담배꽁초와 같다고 말했습니다. 그만큼 쓸모없는 회사란 말이지요. 그런 이 회사를 그러나 버핏은 많은 사람들의 우려와는 달리 투자회사로 크게 성공시켰습니다.

그는 이 회사를 인수하고서 발전시키며 보통의 기업들이 하는 방식이 아닌 자신만의 독특한 방법을 사용합니다. 독특한 방법이란, 여러 기업들을 하나하나 인수하면서 어마어마한 기업집단을 만들고 인수하는 모든 회사의 경영자들을 그대로 유임시켜 회사를 더욱 발전시켜 나가는 것을 말합니다.

그것은 그만의 독특한 경영방법으로 유명했습니다. 40여 년 동안 버핏의 일부 경영자들이 스스로 은퇴하긴 했어도 경쟁기업으로 옮기기 위해 그만 둔 경영자는 없었던 것을 보아도 알 수 있습니다.

버핏은 이들을 평생 동안의 동반자로 생각하며 이들을 믿고 파트너십을 간직하며 함께 경영합니다. 그는 단지 그들 앞에서 그들이 경영을 잘 할 수 있도록 돕는 사람의 위치에 있을 뿐입니다. 그럼에도 불구하고 경영은 잘 돌아가는 톱니바퀴처럼 부드럽게 굴러갔습니다.

그들은 회사를 경영하면서도 자신들이 책임을 져야 할 것이 별로 없습니다. 주식을 분석하는 분석가나 주주들과의 회의도 없으며 기자회견도, 기업을 늘리는 부담스런 일도 없고 본부의 지시 사항도 듣지 않습니다. 그러면서도 그들은 본부의 최상의 신용도와 자금력을 언제라도 이용할 수 있습니다. 과연 이만한 회사가 세계에 또 있을까요?

버핏이 회사를 인수할 때는 반드시 자신의 기준에 맞아야 하는데 그것을 살피면 이렇습니다.

첫째, 5천만 달러 이상의 대규모 매입이어야 하며

둘째, 꾸준한 수익력이 입증되어야 하며, 이때 미래에 잘 될 것이라는 예상은 기준에서 사라집니다. 왜냐하면 적자는 좀체 흑자로 변하기 어렵다는 것이 그 이유이죠. 그러니까 잘못된 것이 좋게 될 확률은 적다는 것입니다. 그래서 선택하지 않습니다.

셋째, 빚이 거의 없거나 전혀 없으면서 좋은 수익률을 보이는 기업이어야 하며

넷째, 경영진이 그대로 있어야 하고

다섯째, 단순한 사업이어야 하며

여섯째, 자신이 바라는 가격이어야 합니다.

그는 부자가 되기를 꿈꾸는 사람에게 늘 이렇게 강조합니다.

"자신에게 투자하라. 그리고 자기의 열정을 따르라."

무조건 자신이 좋아하는 일에 미쳐야 하며 그러다 보면 성공은 스스로 찾아온다고 말합니다. 자신과 맞지 않는 일을 선택한 사람은 성공을 이루기 어렵다고 말합니다. 하기 싫은 일은 금방 싫증이 나 지루해 열심히 노력하기가 어렵다는 것입니다.

"나는 돈을 원하는 것이 아니다. 내가 진정 바라고

원하는 것은 돈을 버는 재미와 돈이 모아지는 것을 지켜보는 것이다."

이것이 부자 워렌 버핏의 철학입니다. 그는 끝없이 돈을 버는 재미를 느꼈고 한없이 늘어나 돈이 쌓여가는 것을 지켜보는 일을 즐깁니다. 앞으로도 그런 일은 여전할 것이며 이제껏 그래왔던 것처럼 그는 그런 면에서 여전히 행복함을 느끼고 있을 것입니다.

그는 오늘날까지 그렇게 많은 돈을 벌었으면서도 그러나 자신에게 필요하지 않다고 생각하는 물건은 아무리 싸도 사지 않는 지독히도 검소한 생활을 지켜냈습니다. 설령 필요한 것일지라도 알맞게 넘치지 않게 샀으며 비싼 것은 거들떠보지도 않았습니다. 이런 모든 면에 있어선 다른 사람들보다 엄격하게 자신을 다스렸습니다.

그들은 진정한 부자였습니다. 부자가 해야 할 일들을 교훈으로 남긴 사람들입니다. 그러나 행운으로 부자가 된 사람들은 그러질 못합니다. 또한 지식이 부족하고 자신의 행동이 남들에게 자신이 없는 사람들일수록 거만하고 여유 있는 사람들이 해야 할 당연한 의무를 저버리게 됩니다.

워렌 버핏이 세계에서 가장 존경받는 인물이지만 거기에는 돈이 많아서가 아니라 이러한 모든 행동들이 인류에 모범이 되기 때문인 것입니다.

　사람들이 산다는 것은 누구나 똑같습니다. 그러나 살아가는 방법에 있어서는 저마다 다릅니다.

　워렌 버핏은 부자가 자식들에게 재산을 넘겨주는 일을 지독히도 반대하는 사람 가운데 하나입니다. 그는 최근에 세상을 떠난 영화배우 폴 뉴먼, CNN방송 창립자 테드 터너 등과 함께 '책임지는 부자'라는 단체를 만들어 부자들이 사회에서 꼭 책임지고 해야 할 일을 실천하고 있습니다.

재산을 넘겨주는 상속세 철폐에 반대하는 그는 부자들이 자식들에게 재산을 물려주는 것이 왜 잘못된 것인가를 다음 한 마디로 정리하고 있습니다.

"상속세 폐지는 굳이 비유하자면 2020년 올림픽 팀을 만들면서 2000년 올림픽 금메달 수상자들의 장남으로 팀을 구성하는 것과 마찬가지지요."

이렇게 꾸짖으면서 그는 부유한 환경에서 자란 사람들을 가리켜 그저 운 좋게 부자의 자식으로 태어났을 뿐이라고 간단하게 말합니다. 그런 사람들이 자신들의 능력이 아닌 부모에게 재산을 물려받아 잘사는 일은 잘못된 일이며 이 사회의 발전에 전혀 도움이 되지 않는다는 생각입니다.

부자에 대한 기회는 모든 사람들에게 가능하면 가능할수록 공평하게 주어져야 하며 부자를 이어받는 것은, 그리고 물려주는 것은 이런 공정한 게임의 법칙에 위반하는 일, 즉 반칙이라는 말이지요.

"재산을 열심히 모으는 것만을 좋아해선 안 됩니다. 특히 6십억 명의 사람들이 우리보다 가난하게 살고 있는 세상에서 말입니다. 부자들은 대부분 자식들에게 평생 먹고도 남을 식권을 남겨 주지요. 이것은 잘못된 일입니다. 자식을 위하는 일이 아닙니다.

자식들을 약하게 만드는 일입니다."

 워렌 버핏의 이 말속에서 우리는 깨달음을 얻어야 합니다. 진정 자식을 위하는 일이 무엇이며 어떻게 해야 한다는 뚜렷한 가르침이 그의 말속에 있습니다. 이런 한 마디의 말속에서 우리는 평생을 살아갈 올바른 삶의 지침을 배울 수 있는 것입니다.

 돈이 사람을 약하게 하고 가난은 대물림된다고 생각하는 사람들이 바로 자식들에게 재산을 물려주고 싶어하는 사람들이라며 그들의 행동을 꾸짖는 말이 아닐 수 없습니다.

부자의 약속

누구보다도 돈을 관리하는 능력을 중요하게
생각하는 투자의 귀재는 자선사업의 파트너도
귀재답게 선택했던 것입니다

버핏은 진작부터 자신의 재산 가운데 85퍼센트를 기부할 작정이라고 말해왔습니다. 그러면서 그 시기를 미룬 것은 한창 재산이 늘어나고 있어서 재산을 불려 더 많은 돈을 기부하기 위해서라고 말했습니다.

그러나 그 시기를 더 미루지 않고 앞당기게 됩니다. 버핏의 재산은 분명 앞으로 더 불어나겠지만 기부의 시기를 앞당긴 것은 5년 전에 죽은 아내 수전 톰슨 때문입니다. 버핏은 자신이 아내보다 나이가 많아 먼저 죽을 것이라 생각하고 뜻을 함께 하는 아내에게 자선 사업을 맡길 예정이었습니다. 그런데 불행하세도 아내는 2004년 먼저 세상을 떠났습니다.

그러자 자신이 세상을 떠난 뒤 수십조 원의 돈이 제 갈 길을 못 찾게 될까봐 버핏은 자신이 죽기 전에 빌 게이츠 재단에 돈을 맡기기로 결정했습니다. 많은 사람들이 왜 게이츠 재단을 선택했느냐는 질문에 그는 이렇게 말했습니다.

"내가 기부하는 것보다 돈을 더 잘 쓸 줄 아는 사람들이 있으니까요."

아주 명쾌한 대답이었습니다. 누구보다도 돈을 관리하는 능력을 중요하게 생각하는 투자의 귀재는 자선사업의 파트너도 귀재답게 선택했던 것입니다.

우리는 간단히 이렇게 생각할 수도 있습니다. 아니 의문을 가질 수 있습니다. 많은 부자들이 그렇게 한 것처럼, 자신도 자신의 이름을 붙인 버핏 재단을 설립할 수도 있지 않았을까? 그런다면 자신의 이름도 빛날 것이고 명예로울 텐데 하고 말입니다.

그러나 버핏은 이미 몽골, 토고, 짐바브웨 등 세계 40여 개 나라에서 300여 명의 인력을 배치해 질병 퇴치와 교육 사업을 하고 있는 게이츠 재단에 투자하는 것이 자신이 재단을 만들어 운영하는 것보다 더 효과적이라고 판단했던 것입니다. 명예나 자신의 이름보다 내용을 더 중시한 것이지요.

역시 워렌 버핏답다고 생각하지 않나요? 그런 것을 보면 그는 진정한 부자이고 존경할 만한 인물임이 분명합니다. 그 엄청난 재산을 남의 손에 맡겨 관리해 쓰게 한다는 것은 그렇게 쉬운 일이 아닌 것은 분명하지요.

그가 38퍼센트의 지분을 가지고 있는 지주회사 버크셔 해서웨이 역시 그의 성격을 잘 나타내 주고 있습니다. 버핏은 1962년 섬유회사였던 버크셔 해서웨이의 주식이 가치보다 낮게 평가된 것을 기회로 이 회사의 지분을 사들였는데, 미국 섬유 산업이 점차 쇠락하는 바람에 섬유회사는 망하고 대신 투자 지주 회사로 변신하게 되었습니다.

버핏은 그러나 가치만 가지고 투자하는 것이 반드시 좋은 투자는 아니란 것을 스스로에게 되새기기 위해 40년이 훨씬 지난 지금까지도 섬유회사의 이름을 그대로 유지하고 있는 것이지요. 장기투자를 투자의 성공법이라고 생각하고 있는 그의 생각과 맞물리는 인식입니다.

현명한 투자를 가르친 사람

투자하려는 목적이 정해지면 평소 그것을
냉정하게 바라보고 성공할 수 있는가를
판단할 줄 아는 훈련이 필요합니다

"가장 현명한 투자는 희망이나 두려움 같은 감정을 갖지 않고 하는 것이며, 일시적인 유행 따위에 좌우되면 결국 실패하고 만다."

버핏은 그의 스승인 벤저민 그레이엄이 쓴 '현명한 투자자' 에서 이런 내용의 글을 읽고서 새로운 투자의 가치를 깨달았습니다. 물론 그 책은 주식투자의 초보들을 위한 책이었지만 증권분석에 초점을 맞추고 있어 그 분야에서 이미 명성을 떨치고 있었습니다.

그는 모든 일을 단순하게 생각하려는 경향이 있었으며 투자결정을 내리면서 복잡하게 생각해 판단을 내릴 필요는 없다고 믿었던 사람입니다. 그는 절대 투자에 많은 시간을 들여 고민하는 사람이 아니었습니다. 그는 자신의 생애에 많은 것을 달성한 인물이었지만 그 가운데 증권분석은 가장 위대한 업적으로 인정되고 있으며 그런 그를 안다는 것은 특권을 손에 쥔 것이나 다름없는 일이라는 찬사를 받고 있었습니다.

앞에서도 잠시 설명되었지만 그런 그레이엄을 스승으로 모시고 투자의 원칙에 대해 버핏이 배우게 된 것은 버핏에겐 정말 대단한 행운이었습니다. 어려서부터 주식에 대한 책을 열심히 읽으며 연구한 버핏이었지만 그레이엄처럼 과학적이질 못했습니다. 거기엔 나이의 한계도 있었고 연구의 깊이도 한계가 있을 수밖에 없었기 때문이지요.

버핏은 그래서 자신이 알고 있는 지식에 그레이엄의 투자원칙을 보태어 누구보다 그 방면의 전문가가 되었던 것입니다. 고향으로 돌아와 투자조합을 만들어 어마어마하게 성공을 시킨 것이 이를 증명합니다.

그레이엄은 '현명한 투자자'라는 책에서 투자에 임하는 세 가지 원칙을 내세웠습니다.

사업하듯 투자하라.

오르고 떨어지는 것에 너무 연연하지 말라.
낮은 가격에 사라.

그것이었습니다. 자신이 투자하는 회사를 알지 못하면 투자하지 말라는 것이며, 회사를 알고 가치가 있다고 판단했으면 충분히 낮은 가격에 사들인 후 시장변동에 휩쓸리지 말고 가지고 있어야 한다는 전략인 것이지요. 그는 주식투자에서 성공하려면 이것을 명심해야 한다고 분명히 충고합니다.

1976년 그레이엄이 사망한 후 '마지막 유언, 그리고 마지막 유서'라는 제목의 10가지 핵심의 투자 공식이 공개되기도 했는데 그레이엄의 가장 위대한 업적은 그동안 투기의 대상으로만 여겼던 주식을 과학적 분석과 투자의 대상으로 끌어올렸다는 점이었습니다.

그가 주식투자를 학문으로 끌어올린 것은 유명한 '증권분석'이라는 책을 통해서였는데 그의 제자인 버핏이 '증권분석을 10번 이상 읽지 않고는 절대 주식투자를 하지 않기로 결심했다'고 할 만큼 큰 영향을 끼친 책입니다.

그는 또한 이 책에서 '투자는 철저한 분석을 하여 투자한 돈의 안전성과 만족할 만한 수익을 기대할 수 있는 운용'이라며 이 요건에 들지 않는 운용은 투기라고 정의했습니다.

투자와 투기는 서로 성질이 다릅니다. 투자는 이익을 목적으로 사업 등에 자금을 대는 것을 말하고 투기는 확신도 없이 큰 이익을 노리고서 무슨 짓을 하거나 그러한 행위를 하는 것을 가리킵니다. 그래서 투자는 과학적일 수 있지만 투기는 허황된 꿈에 자신을 의지하는 것과 별반 다르지 않을 것이라고 나는 생각합니다. 우리는 이를 엄연히 구별하고서 성공의 꿈에 다가서야 합니다. 자칫하면 부자가 되려는 지나친 생각에 투기에 빠져드는 사람이 있으니까요.

그렇다면 투자를 가치 있게 하려면 어떻게 해야 할까요? 투자하려는 목적이 정해지면 평소 그것을 냉정하게 바라보고 성공할 수 있는가를 판단할 줄 아는 훈련이 필요합니다. 그저 감에 의존하여 투자를 결정하면 그만큼 실패의 확률이 커서 절대 안 됩니다.

앞에서 말한 가치 투자에 대해 여러분이 이해하기 쉽도록 설명하겠습니다.

가치투자란 한 마디로 본래의 가치에 비해 낮게 평가돼 있는 기업을 찾아 투자를 한 뒤 시장이 그 가치를 깨달을 때까지 기다리는 전략을 말합니다. 그러나 말은 쉽지만 잠재적 가치에 비해 낮게 평가되어 있는 숨은 진주를 찾아낸다는 것은 그리 쉬운 일이 아니지요. 엄청난 인내력과 산술적인 능력을 필요로 하는 것입니다.

그러나 어려서부터 수리에 뛰어난 감각을 보였던 버핏은 결국 이러한 모든 것들을 알아낼 능력을 키웁니다. 이 능력을 키우기까지 그의 노력은 정말 대단했습니다. 그 누구도 여기에 쏟은 그의 열정과 노력을 알아차리지 못했습니다. 그만의 노력에 의한 것이었습니다. 그리곤 1957년 오마하로 돌아와 투자조합을 결성한 것입니다.

1969년 투자조합을 해산하면서 그는 연 수익률 30%라는 경이적인 수익을 투자자들에게 돌려줬다는 것은 이미 앞에서 설명했습니다. 바로 이러한 결과를 만든 것이 그레이엄에게서 배운 투자의 원칙과 공식 때문임을 알게 합니다.

벤저민 그레이엄은 가치투자의 창시자입니다. 그를 따른 모든 제자들은 돈을 많이 벌어 부자가 되었습니다. 그중에서 가장 돈을 많이 벌어 세상의 큰 부자가 된 사람이 바로 워렌 버핏일 뿐입니다.

세계 최고의 주식투자자인 워렌 버핏은 스승 벤저민 그레이엄의 증권분석 책을 수도 없이 읽으며 그의 이론을 깨우쳤고 그것을 적용해 투자하면서 오늘날의 큰 부자로 자신이 존재할 수 있게 했습니다.

특히 현명한 투자자의 책에서 버핏이 가장 크게 깨달았던 것은 그레이엄이 내세운 안전마진이었습니다. 안전마진이란 안전하게 이익을 남기는 것을 말합니다.

이 안전마진은 훗날 워렌이 투자를 하는데 있어 가장 중요한 열쇠였고 이 책을 읽은 후에 버핏은 '인간이 가진 많은 나침반 중에서 벤저민 그레이엄이야말로 정확하게 그곳을 가리키는 나침반' 이라고 감탄하였습니다. 그런 것을 보면 버핏이 그레이엄에게 투자자의 가치가 얼마나 소중한 것인가를 배웠는가를 알 수 있습니다.

그로부터 오늘날까지 안전마진은 투자와 관련한 버핏의 중심 철학으로 모든 투자를 하는데 빠짐없이 적용하였습니다.

그렇다면 그레이엄의 투자 철학인 안전마진에 대해 좀 더 설명 할까요?

안전마진은 그의 다른 투자규칙에서 잘 설명돼 있는데 그는 '투자의 제1원칙은 돈을 잃지 않는 것이며 두 번째로 중요한 것은 돈을 잃지 않는다는 원칙을 잊지 않는 것'이라고 말했습니다. 그리고 이를 위해서는 주식을 비싸지 않게 사는 것이 가장 중요한 방법이라고 강조했습니다.

이 말은 버핏을 이야기 할 때에 늘 단골로 등장하는 이야기로서 투자의 귀재 워렌 버핏을 닮아 성공하려는 사람들의 냉철한 공부법이기도 합니다.

그레이엄은 콜롬비아 대학교에서 강의를 하며 자신의 투자회사를 설립하여 자기 회사를 꾸린 사람이기도 한데 콜롬비아 대학교 재직시절 동료 교수였던 데이비드 도드와 함께 쓴 증권분석은 증권분석에 관한 최초의 이론서였으며, 그 후 투사관련 책으로서

고전이 된 현명한 투자자를 출간하였던 사람입니다.

버핏이 콜롬비아 대학에 진학하여 그런 경제학 교수 그레이엄의 제자가 된 것은 정말 대단한 행운이었고 그의 저서 '현명한 투자자'를 읽게 된 것은 그의 능력을 한층 탄탄하게 다지게 된 계기가 되었습니다. 그야말로 주식에 눈을 뜨게 된 계기가 되었지요.

다시 말하거니와 이 책은 주식시장에서 낮게 평가된 기업의 가치보다 실제적으로 더 큰 기업을 찾아 투자해야 한다는 이론서였습니다.

보통 주식시장에서 가치투자를 하는데 기업의 가치보다 낮게 평가된 주식을 사는 것은 당연한 것임에도 불구하고 그레이엄의 이러한 투자 이론은 버핏에게 상당한 인상과 그동안 본능에 의존하여 투자를 해온 자신의 방식에 일대 충격을 던져준 것이었습니다.

그레이엄은 '가장 이상적인 투자는 희망이나 두려움이 아니고 일시적 유행에 휩쓸린 투자가 되어선 안 된다'고 버핏에게 가르칩니다. 또한 '증권계에서 적절한 지식과 숙련된 판단력을 키웠다면 남은 것은 단 하나, 용기가 최상의 조건으로 등장합니다.

자신의 판단이 건전하고 옳다고 판단된다면 설령 다른 사람들이 망설이고 나와 다른 의견을 가지고 있더라도 자신의 판단에 따라 행동해야 한다' 라고 가르칩니다.

버핏은 훗날의 회고에서도 19살에 읽었던 이 책이 사상 최고의 투자 관련 서적이라고 생각하며 읽었고 몇 십 년이 흐른 지금에 와서도 그 생각엔 변함이 없다고 말합니다. 그리곤 주식에 투자하려는 사람에게 이 책을 필독서로 생각하길 바란다고 적극 추천합니다. 아니 돈을 많이 벌어 부자가 되려고 꿈꾸는 사람들에게 이 책을 꼭 읽어보길 권합니다.

나이가 어리면 어릴수록 좋다는 주장을 펼치기도 합니다. 그것은 그만큼 이 책을 빨리 습득하여 자신의 사상으로 간직되길 바라기 때문이 아닐까요?

투자자에게 구미가 당기는 시점은 당연히 시장이 불황일 때가 되겠죠. 투자의 세계는 바로 이때가 돈을 벌 수 있는 가장 좋은 기회입니다. 그런데 이상하게도 현명한 투자자들에게는 그 시점이 보이는데 현명하지 못한 투자자들에게는 그 순간, 절묘한 타이밍이 이루어질 그 순간이 그렇게 보이질 않는다는데 문제가 있습니다.

　버핏은 금융서적 등을 열심히 읽으면서 보다 넓은 범위의 판단을 가질 수 있도록 노력했습니다. 주식이 변화하는 것을 그는 당연한 비즈니스로 바라보았고 그 과정에서 생겨나는 가치를 성장의 또 다른 하나로 인식하기에 이릅니다.

　그는 투자를 할 때면 엄격한 가치투자의 원칙에서 벗어나지 않았고 그 기업의 성장 가능성을 예리한 시각으로 판단해 참작하였습니다. 이렇듯 그는 매일매일 거르지 않고 연구하지 않으면 자신의 투자기법을 자신 있게 구사할 수 있는 능력을 발휘하지 못할 거라는 분명한 철학이 있었습니다.

아들에게 전하는 아버지의 가르침

세상을 긍정적으로 바라보며 모든 일에
낙관적이고 협조적입니다 버핏은
그런 사람입니다

그가 평생 살아온 고향집은 결혼한 지 6년 만에 마련한 것입니다. 갓 신혼이었을 때 집을 마련할 수 있었는데 그는 그 돈으로 주식에 투자를 했고 집을 장만하는 것을 뒤로 미루었습니다. 이를 흔쾌히 허락한 부인은 버핏과 같은 고향 출신으로 장로교회에서 만났습니다. 그녀는 수전 톰슨여사였으며 당시 이름 있는 윌리엄 톰슨 교수의 딸이었습니다.

두 사람은 한동안 교제하다 결혼하여 세 명의 자녀를 두었는데 이들은 부모를 한없이 존경했으며 특히 아들 하워드는 어머니 수전 버핏을 아버지의 성공에 가장 공헌한 사람이라고 말했습니다.

"훌륭한 남자의 뒤엔 훌륭한 여자가 분명 있다고 합니다. 여러분이 이 말을 믿는다면 아버지가 거둔 성공의 상당 부분이 어머니 힘이었다는 것을 인정해야 할 것입니다. 어머니는 이 세상에서 내가 알고 있는 수많은 사람 중에 가장 이해심 많고 친절한 사람으로 그러한 성격을 가지고 아버지를 도와서 아버지는 가장 큰 힘을 얻을 수 있었습니다."

아들의 이 말속에서 나는 이보다 더 부모에 대한 훌륭한 평가는 없다는 생각입니다. 자식이 어머니에 대해 아버지에 대해 좋은 평가를 한다는 것은 그리 쉬운 일은 아닙니다. 더욱이 성공한 아버지에 대해서 그 성공의 상당 부분이 어머니의 힘이었다고 말할 수 있는 것은 더더욱 어려운 일입니다.

하지만 아들은 당당하게도 그렇게 많은 사람들에게 말했습니다. 이는 어머니의 헌신이 어떠했는가를 어렸을 때부터 보아온 자식의 눈이 증명한 것입니다.

문득 구스타프 교수가 한 말이 떠오릅니다.

"반드시 좋은 아버지가 되겠습니다. 저의 아버지같이."

이 얼마나 훌륭한 아버지에 대한 말인가요? 이 얼마나 자식의 입에서 나오길 바라는 말일까요?

나를 거울로 삼아라 하고 말하는 아버지가 되어야 합니다. 그런 아버지의 신념이 있어야 합니다.

사내는 집안에 박혀 있지 말고 밖으로 나아가 온몸으로 부딪쳐 보는 것, 모험을 사랑하고 고난을 겪어보아야 합니다. 비바람에 시달려도 폭풍우에 대항하여 자부를 가지고 행진할 수 있어야 합니다.

이 말속에 성공적인 요소가 들어 있음을 알아야 합니다.

그러나 아들에게 이러한 평가를 받은 두 사람은 결혼 25주년 은혼식이 끝나고 각자의 삶을 찾아 살기로 합니다. 1952년 22살 때 결혼해 47살이 될 때까지 25년을 함께 살았지만 이제 각자 떨어져 살면서 각자 살고 싶어 하는 자신의 삶의 방식을 찾기로 했던 것이지요.

유독 음악을 사랑했던 수전 버핏은 샌프란시스코로 갔고 워렌 버핏은 이를 깊은 이해심으로 승낙했습니다. 하지만 그들의 관계는 함께 살고 있으나 떨어져 살고 있으나 한없는 신뢰와 존경으로 서로를 사랑했고 마음속에 자리하고 있었습니다. 부부가 꼭 곁에 있어야만 함께 있는 것은 아니라고 말했습니다. 그러나 두 사람의 법적인 결혼 상태는 변하지 않고 계속됐습니다.

그런 관계 속에서 부부관계임을 버리지 않고 살았던 그들이었지만 버핏이 자신의 삶에 가장 큰 영향을 미친 사람 중에 한 사람이었음을 지목한 아내는 2003년 10월 불행하게도 그만 구강암 진단을 받기에 이릅니다. 구강암 수술을 받은 수전은 그러나 절망하지 않고 침착하게 이렇게 말했습니다.

"인생에서 가장 중요한 것은 신분이나 지위가 아니라 한 인간으로서 평생 자신이 이루고자 하는 일을 위해 줄곧 노력하는 자체라고 생각합니다."

또한 친구에게 액자를 선물하면서 그 액자에 이런 글을 적어 보낸 적이 있었습니다.

"지금으로부터 백 년이 지난 뒤엔 내 재산이 얼마가 되었든, 내가 어떤 집에서 살았든, 아니면 내가 어떤 차를 몰았든 관심의 대상이 되지 않을 것이다. 하지만 내가 자식들을 잘 교육시킴으로 해서 세상은 조금이라도 더 나은 곳이 되어 있을 것이다."

이러한 수전은 결국 투병생활을 이기지 못하고 2004년 7월 29일 72세를 일기로 운명하고 말았습니다.

수전이 투병생활을 하고 있을 때 버핏은 26주간동안 한 번도 빠짐없이 주말마다 아내가 있는 먼 샌프란시스코를 찾아왔고 이러한 버핏에게 아내 수전은 생애 가장 고맙고 행복한 순간이었다고 말했습니다.

수전에게는 모두 아홉 명의 손자와 손녀들이 있었는데 이들에게 '내가 남기는 큰 사랑'이란 이름으로 십 만 달러씩의 유산을 남겼고 교육비로 200만 달러를 남겼습니다.

그녀는 세상을 떠나기까지 많은 일들을 했지요. 오로지 박애정신으로 살아가면서 버핏 재단의 대표로서 40여 년을 줄곧 다양한 시민단체와 교육단체에서 헌신했고 세계의 많은 국가들을 방문하면서 여성들이 가지고 있는 문제들을 찾아 이들을 지원하였습니다.

워렌 버핏은 아내가 세상을 떠난 뒤 2년 후에 애스트리드 멩크스와 결혼식을 올렸습니다. 멩크스는 수전 버핏 여사가 샌프란시스코로 떠나고 약 1년이 지난 후부터 함께 지낸 사람으로 그녀는 한때 버핏 여사가 노래를 부르던 카페의 여종업이었으며 워렌보다 17세나 어린 사람이었습니다.

이들 세 사람은 거의 같이 움직이며 생활을 함께 했습니다. 주주파티는 물론이고 개인 파티에도 그들 세 사람은 함께 참석하였으며 친지들에게 선물을 보낼 때에도 세 사람의 이름이 함께 적혀 있을 정도였습니다. 멩크스는 소박하고 검소한 여성이었습니다. 이런 그를 버핏과 수전 톰슨 사이에 낳은 자식들도 좋아했습니다.

워렌 버핏은 아들에게 삶의 지혜를 가르치기 위해 이렇게 말합니다.

"네가 명성을 쌓기까지는 평생이 걸린다. 그러나 그 명성을 잃는 데는 단 5분밖에 걸리지 않는다는 것을 기억해라."

아들 하워드는 그러한 아버지의 가르침을 전해 받으면서 아버지가 세상에서 가장 위대한 성공을 거두었고 그것이 자신에게 돌아와도 자신은 아버지처럼 성공을 거둘 수 없을 것이라고 말합니다. 그 이유는 아버지 워렌이 기본에 가장 충실하고 모든 일을 신속하게 처리하며 아는 것이 너무 많다는 이유였습니다. 그리고 하루 18시간 정도로 쉬지 않고 일을 하는 열정을 따라갈 수 없다는 것이 또 하나의 주된 이유였습니다.

도전하는 것을 좋아하는 워렌 버핏, 벌어들인 것은 반드시 사회로 환원돼야 한다고 믿는 아버지 앞에서 그의 아들 하워드는 이렇게 말합니다.

"아버지의 생각은 아주 간단합니다. 벌어들인 재산을 소유하려고만 해서는 안 되며 언제나 성공을 바라고 창의적인 사람이 되어야 하며 선행을 베풀고 싶어 하고 남에게 진심어린 존경을 받고 싶어하는 사람이 되는 것입니다. 아버지는 그런 것들을 실천하고 싶어 합니다."

버핏이 어떠한 사람인가를 살피려면 그의 낭비하지 않는 삶을 보면 알 수 있습니다. 버핏의 일상생활은 지극히 평범하고 검소하지요. 50년 넘게 자녀가 태어난 같은 집에서 살며 한번 구입한 자동차는 10년 이상 몰았고 스스로 운전하며 식사로 햄버거와 콜라를 즐겨 먹습니다. 그가 운영하는 버크셔 해서웨이는 불과 17명의 직원을 두고 있을 뿐입니다.

버핏은 파티를 즐기지도 않았고 담배도 피우지 않았으며 음료수도 체리코크 외에는 거의 마시지 않았습니다. 그는 어느 정도 절제된 생활을 유지하면서 자신의 삶의 방식을 고집합니다.

한번은 버핏이 한 카페에서 식사를 하기 전에 점원에게 4달러가 채 안 되는 할인쿠폰을 내밀었고 나중에는 계산서에 적힌 내용이 정확한지 꼼꼼하게 살폈다는 일화도 있습니다.

그의 검소한 면을 잘 알 수 있는 것은 또한 그의 주변 사람들을 통해서 들으면 잘 알 수 있습니다.

"그는 종종 편하게 옷을 입는다. 그 차림새가 특별한 날, 특별히 신경 써서 옷을 입은 농부의 모습과 같다."

50여 년 전. 단돈 100달러를 밑천삼아 주식투자를 시작해 세계 최고 갑부에 오른 워렌 버핏은 언제나 뿔테안경을 쓰고 외모로만 보면 그저 일반적인 사람에 속하는 평범한 남자일 뿐이지요. 그는 사람들이 많은 곳에 나타나기를 별로 좋아하질 않습니다. 특히 모르는 사람들이 모이는 곳일수록 더하지요. 그래서 이웃에 살고 있는 사람들조차 그와 만나기 힘듭니다.

그는 사람들을 만나 어울리는 것보다 방안에서 자료들을 살피고 독서를 하며 보내는 것을 더 행복하게 생각하는 사람입니다. 남이 자신에 대해 어떤 이야기를 하든 전혀 개의치 않습니다. 오로지 자기만의 삶의 방식에 따라 그는 조용히 살아가고 있습니다.

화를 내는 일도 드물다고 하지요. 세계 최대의 부자 자리에 올라 있는 사람이면서도 거만함이란 그 어디에서도 찾아볼 수 없습니다. 어지간해서는 큰소리를 내는 법도 없습니다. 남과 다투는 일도 없이 살아가고 있습니다. 그리고 세상을 긍정적으로 바라보며 모든 일에 낙관적이고 협조적입니다. 버핏은 그런 사람입니다.

제3장

...

...

버크셔 해서웨이의 길

> 위험한 일은 자신이 하고 있는 일을
> 모르는 상태에서 발생합니다.

나는 투자자입니다. 우량주를 좋아하느냐고요?

그는 자신뿐만 아니라 자신에게 투자한 사람들을
부유하게 만들려고 열심히 뛰고 있습니다. 그는 숫자와
관련된 자료들을 보면서 시간을 보내는데 익숙합니다.

워렌 버핏이 많은 돈을 벌게 된 것은 결국 버크셔 해서웨이, 보스턴에서 남쪽 약 80킬로미터 지점, 매사추세츠 주 뉴 베드포드의 섬유단지에 자리 잡은 이곳에서 시작되었다고 보아야 합니다.

원래 이 지역은 19세기부터 고래잡이로 풍요를 누리면서 번성한 도시였는데 산업혁명이 불길처럼 일어나 기름의 수요가 크게 늘어났고 그래서 기름을 얻기 위하여 고래잡이는 일대 황금기를 맞이하게 되었습니다.

그러나 1859년에 펜실베이니아 주 타이터스빌에서 유전이 발견됨에 따라 고래에 의존했던 기름의 수요가 점차 줄어들고 유전에 의지하게 되면서 고래잡이는 조금씩 사라지게 되었지요. 그러자 고래잡이로 돈을 벌었던 자본가들은 섬유 쪽으로 사업을 돌렸고 그리하여 이 지역이 섬유산업의 중심지로 자리 잡게 되었습니다.

해서웨이는 창업부터 제1차 세계대전이 일어나기까지 무려 32개의 제조업체가 설립되었는가 하면 이후 제2차 세계대전에는 낙하산을 만드는 원단을 생산하였고, 전쟁 이후에는 레이온 안감 원단을 생산하는 제조업체로 대단한 수익을 올렸던 회사였습니다. 그러나 1954년 허리케인 태풍으로 해서웨이 공장 하나가 큰 피해를 입으면서 서서히 하락하기 시작했고 그 시점에서 마침내 금세기 최고의 전설의 투자자 워렌 버핏의 렌즈에 잡히게 되었던 것입니다.

버핏은 해서웨이 주식을 사들이기 시작했고 1962년부터 1965년까지 사들인 주식으로 말미암아 이 회사의 가장 큰 대주주가 되었으며 결국 경영권을 손에 넣게 되었습니다.

이미 기업이 만신창이가 된 시점이었지만 점차 투자회사로 그리고 순수한 금융회사로 탈바꿈하면서 차근차근 경영쇄신을 이뤄나가기 시작하였습니다.

해서웨이는 버핏의 자본으로 서서히 기업인수 작업을 진행하였고 보험 사업에 뛰어들기도 했습니다. 뿐만 아니라 은행의 지분을 사들이면서 금융, 신문사와 출판 사업에 진출하기도 하였습니다. 버핏은 그러면서 여전히 헐값에 섬유회사를 인수하였고 이러한 과정에서 많은 부동산과 기계들을 자신의 손안에 넣을 수 있었습니다.

그의 성공은 이런 확장을 통해서 점점 더 커지기 시작하였고 세계는 바로 버핏을 주목하기 시작하였습니다. 그의 성공은 거칠 것이 없었습니다. 그가 손대는 일은 절대 실패하는 일이 없었습니다.

버크셔를 인수하고 나서 오늘날까지 이룩한 업적을 보면 세계에서 보험회사의 주주자본을 가장 많이 소유한 투자지주회사이며 많은 주식과 채권, 현금 등을 보유하고 있는 거대 보험제국이 되었습니다. 뿐만 아니라 이루 다 말하기 힘들 정도로 여러 기업들을 거느리고 있으며 활기차게 운영되고 있습니다.

1980년대까지 그래도 무명에 가까웠던 버핏을 일약 주식투자의 최고 지존으로 만든 것은 뭐니 뭐니 해도 콜라였습니다. 88년 버핏이 코카콜라 주식을 매입하기 시작했을 때만 해도 코카콜라는 그저 평범한 음료수 회사에 지나지 않았습니다. 주가도 주당 10달러를 맴돌았을 정도였으니까요. 그러나 버핏은 남들이 보지 못한 코카콜라의 가능성을 읽었습니다. 다른 음료수 업체는 따라갈 수 없는 브랜드 가치와 해외시장 개척의 가능성을 누구보다 빨리 알아차린 것입니다.

그의 예상은 불과 5년이 못 가 현실로 이루어졌고 코카콜라 주가는 10달러이던 것이 무려 74.50달러로 치솟았습니다. 그러자 여기에 투자한 버핏의 버크셔 해서웨이는 엄청난 이익으로 인해 미국 최대의 투자회사로 발돋움하였고 결정적인 기여를 하기에 이른 것이지요.

한 기자가 버핏에게 왜 코카콜라 주식을 사들였는가를 묻는 질문에 버핏은 이렇게 간단히 대답합니다.

"나는 투자자입니다. 그런데 세계적으로 계속 성장할 수 있는 잠재력이 있고 그 회사가 미래에도 계속 그렇게 될 것이라는 확신이 선 회사가 나타났는데 내가 어찌 투자를 망설이겠습니까? 그런데 그것이 그저 코카콜라였을 뿐입니다. 다른 어떤 회사라도 이러한 조건만 갖추었다면 나는 역시 그 회사를 주목할 것이고 당장 주식을 사들일 것입니다."

우량주를 선호하는 그는 코카콜라를 자신이 가장 좋아하는 주식이라고 말했습니다. 그는 자본주의의 냉혹성을 깨달으면서 그럴수록 우량주를 선택했습니다. 그것이 안전한 길임을 그는 누구보다 잘 알고 있었던 것입니다.

어느 신문과의 인터뷰에서 그런 자신의 입장을 대변하는 명쾌한 말을 남겼습니다.

"내가 왜 우량기업을 좋아하느냐고요? 말씀드리죠. 여러분이나 나나 마찬가지로 차를 타고 5킬로미터를 이동하면서 거기 들어서 있는 식당들을 유심히 살폈다가 그로부터 5년이 지나서 다시 살펴봅시다. 그랬을 때 우리는 많은 식당들이 문을 닫거나 다른 가게의 이름으로 바뀐 것을 발견할 수 있을 것입니다. 왜 그랬을까요? 이는 제대로 경영하지 못한 것이 원인이고 제대로 경영하지 못하면 그 어떤 보상도 얻을 수 없습니다. 이것이 내가 우량 기업을 좋아하는 이유인 것입니다."

버핏은 아직도 버크셔 해서웨이의 회장으로 있습니다. 여전히 그는 좋은 기업을 사들여 잘 운영하고 그렇게 해서 회사의 부를 키우고 있습니다.

그는 자신뿐만 아니라 자신에게 투자한 사람들을 부유하게 만들려고 열심히 뛰고 있습니다. 그는 숫자와 관련된 자료들을 보면서 시간을 보내는 데 익숙합니다. 열심히 일하면서 그 일이 노동이 아니라 취미라고 생각합니다.

그는 투자에 대해서 쉽게 공황상태에 빠지는 것을 매우 경계합니다. 주식시장은 공황에 빠질 수 있지만 그 공황은 하나의 흐름으로 존재한다는 것을 강조합니다. 그러니 주식시장이 어떻게 흔들려도 두려워해서는 안 된다고 말하지요.

그것이 자신의 투자 철학이라고 밝힙니다. 항시 의연한 자세로 자기의 투자를 믿는다고 말합니다. 이것이 워렌 버핏의 투자방식인 것입니다.

그러나 낳은 나이에 속한 버핏을 생각할 때 버크셔의 미래에 대해 생각해 보지 않을 수 없지요. 물론 부회장인 루이스 심슨이 잘 이끌 것이라고 버핏이 입버릇처럼 말하지만 버크셔의 흐름을 버핏이 끌고 가길 누구나 바라고 있는 시점에서 명쾌한 해답이 될 수 없습니다. 버크셔의 주식에 관련된 사람들이라면 버핏이 존재하는 한 주식은 높은 수익을 보장할 수 있다는 것을 잘 알기 때문이지요.

버핏이 있는 것과 없는 것의 차이는 너무나 큽니다. 누가 거대 기업제국으로 올라선 버크셔의 최고경영자가 될까요? 버크셔의 운영을 맡을 사람은 과연 누구일까요?

그 사람 이름이 지목되어 회사를 물려줄 사람에 대해 쓴 편지가 워렌 버핏의 비서 책상 안에 있고 버핏이 사망하면 이 편지는 공개하게 되어 있다고 합니다. 정작 최고경영자가 될 그 사람은 지금 자기인 줄은 꿈에도 모르고 있고 아마 자신이 죽을 때까지 모를 것이라고 말합니다. 그러나 버핏의 영향력에서 발전해 온 전설의 투자자 워렌 버핏의 이후를 버크셔 주주들은 불안해하고 있는 것만은 사실이지요.

참고로 워렌 버핏이 갖고 있는 주식 중에 대표적인 회사인 가이코를 설명하자면 가이코는 미국 자동차 보험 회사입니다. 워렌 버핏의 투자전문회사인 버크셔 해서웨이와 연결된 회사인

셈인데 그가 이 가이코 회사 주식을 매입하려고 했을 때에, 가이코는 사실 파산을 눈앞에 두고 있었던 회사였습니다.

원래 가이코는 튼튼한 회사였지만 보험료 인상 없이 사업을 하면서 큰 손해를 보았는데 워렌 버핏은 바로 이때에 이 가이코 회사의 기업 가치를 분석했고, 또한 그 당시 파산 고비만 잘 넘기면 나중에 충분히 커나갈 수 있다고 판단을 했던 것입니다.

워렌 버핏의 분석과 판단은 한 치의 오차도 없이 정확하게 들어맞았습니다. 그는 4,500만 달러를 가이코에 투자했고, 그의 돈은 나중에 15년이 지나서 23억 달러로 불어나 엄청난 이익을 챙기게 되었습니다.

이뿐만 아니라 여러 회사들은 저마다 확실한 수익을 내고 있으며 버크셔 가족의 일원으로 안정성을 확보하고 있습니다. 이러한 많은 회사들을 소유, 혹은 많은 주식을 보유하고 있는 버핏은 어떠한 일에도 버크셔의 주식을 팔지 않을 것이라고 공표해 왔습니다.

자신이 죽으면 자신의 주식은 아내나 재단에 귀속될 계획이며 자신 이후의 경영진에 대한 계획도 차질 없이 짜놓았다고 말했습니다. 재산은 누가 먼저 죽는가에 따라 돌아갈 것이고 결국 사회로 돌아갈 것임을 분명히 했습니다. 결국 아내가 구강암으로 자신보다 먼저 죽었기에 주식이 아내에게 돌아갈 수 없었고 그의 약속대로 그의 재산은 사회에 환원시키기 위해 기부재단에 거의 내놓은 상태입니다.

  부를 쌓으면 사람은 그 부에 노예가 되고 지나친 욕심에 치우치는 경향이 있습니다. 자신의 생애가 얼마 남지 않은 사람들도 마찬가지입니다. 그러나 진정한 부자 워렌 버핏은 그렇지 않습니다. 자신의 부가 어디로 가야 하는지 그 목적을 분명히 알고 있는 사람입니다.

제4장

버핏이 만난 사람들

> 자신의 능력 밖에 있는 좋은
> 기회를 놓치는 것은 죄가 아닙니다.

환상적 콤비로 성공의 신화를 만들다

멍거를 통해 주식을 좀 비싸게 사더라도 장기간
수익을 보장해 줄 양질의 사업에 투자하는 것이 유리하며
그것이 올바르다는 것을 인식하기에 이른 것입니다

오늘날까지 살아오면서 워렌 버핏이 영향을 받은 인물은 여럿 있습니다. 그들 중에 가장 먼저 떠오르는 오르는 인물은 단연 '현명한 투자자'를 쓴 벤저민 그레이엄일 것입니다. 그가 버핏에게 어떠한 영향을 끼쳤는가에 대해선 앞에서 설명하였기에 생략하고 그 다음의 인물로 꼽히는 친구이자 스승이며 부하이자 상사이기도 했던 버크셔의 부회장 찰스 멍거를 살펴보기로 하지요.

그는 버핏과 세상에 둘도 없는 환상적 콤비였습니다. 멍거는

하버드 로스쿨을 졸업한 부동산 전문 변호사이기도 했고 사업가였으며 교육자이기도 했으며 투자자로서도 매우 성공한 인물이었습니다.

그는 버핏과 환상적 콤비를 이룬 것이 결코 우연이 아니라는 듯 그의 고향도 오마하였고 버핏의 집과는 불과 백 미터도 떨어지지 않은 곳에서 살았던 사람입니다.

그러면서도 서로는 잘 알지 못하고 지내다 1959년이 되어서야 두 사람의 친구인 데이비스 박사의 소개로 알게 되었습니다. 이웃하고 살면서도 잘 알지 못했던 것은 찰스 멍거가 버핏보다 여섯 살이 위였고 멍거가 고등학교를 졸업하자마자 오마하를 떠났기 때문입니다.

그는 그 후 미시건 대학교를 다녔고 캘리포니아 공과대학을 다니던 중 공군에 입대하여 제2차 세계대전에 참전하기도 했습니다.

1924년 1월 1일에 출생한 멍거는 그러나 워렌 버핏만 잘 모르고 있었지 그의 식구들과는 이미 잘 알고 지낸 사이였으며 한때는 버핏의 할아버지가 운영하는 가게에서 아르바이트 일을 하기도 했습니다.

버핏을 처음 만난 멍거는 버핏에게 깊은 인상을 받았고 그

깊은 첫인상이 신화를 만들어내는 정신적 파트너로 동반관계를 이루게 되는 관계를 만들었습니다.

　멍거는 버핏과 만나기 전까진 오로지 변호사 일만을 중요하게 생각하고 있었으며 투자 업에는 그다지 관심을 보이지 않았습니다. 그러나 버핏은 투자가가 되는 것이 변호사로 일하는 것보다 훨씬 빨리 부자가 되게 할 것이라고 그를 설득하였으며 이 설득을 받아들인 멍거는 마침내 변호사를 그만두고 버핏과 함께 투자자의 길로 들어서게 됩니다.

두 사람이 만난 시점은 서로에게 호감을 느끼기 좋은 때였습니다. 멍거는 아버지를 잃은 후여서 큰 슬픔에 잠겨 있을 때였고 버핏은 자신의 스승이었던 벤저민 그레이엄이 투자 사업에서 은퇴를 하고 뉴욕을 떠나 로스앤젤레스로 옮겨갔을 때였기 때문입니다.

그레이엄이 투자에 점차 흥미를 잃자 버핏은 상실감을 느끼고 있었으며 그에게는 새로운 파트너가 필요했는데 이때 멍거가 등장한 것이지요. 이런저런 이유로 해서 두 사람은 서로에게 빠져들었습니다.

정직하고 현실적이며 호기심이 많고 진부한 생각에 얽매이지 않는 사고방식을 지닌 멍거는 벤저민 그레이엄과 비슷한 점이 상당히 많은 사람이었습니다. 버핏은 그러한 인간 멍거의 매력에 흠뻑 빠져들었습니다. 그가 마치 그레이엄으로 인해 잃었던 상실감을 회복할 수 있는 대상인지도 모른다고 생각할 정도였으니까요.

하지만 두 사람의 기본적인 투자 아이디어에는 약간의 차이가 있었습니다. 여전히 그레이엄의 투자방식을 따르는 버핏이었지만 멍거는 그레이엄이 투자하는 방식에서 빨리 벗어나고자 했습니다.

그렇다고 해서 투자의 이론이 많은 투자가들로부터 본보기가 되고 있는 그레이엄의 투자이론에 정면으로 반박하는 것은 아니었지만 말이죠. 다만 그레이엄의 투자 방식을 이어가면서 사업을 하긴 해도 값싼 주식만 찾아나서는 그레이엄의 방법을 그는 그다지 좋아하지 않았던 것입니다.

그레이엄의 가르침을 받고 그의 방법을 따라가고 있는 버핏으로선 당연히 불만이었지만 그의 의견은 대부분 투자에 참고할 만한 가치가 있는 것들이어서 버핏은 점차 그의 말에 귀를 기울이기 시작합니다.

멍거는 자신의 주장을 조금도 굽히지 않습니다. 버핏에게 값싼 주식만 찾아나서는 것은 시대에 맞지 않으며 독점적인 가치나 브랜드가 있는 회사라면 웃돈을 더 주더라도 오랫동안 가지고 있는 전략이 훨씬 효과적이라는 주장을 펼칩니다. 버핏은 그러한 멍거의 주장을 받아들이기 시작하면서 여태껏 해오던 주식 투자 방법을 조금씩 바꿔가기 시작합니다.

멍거는 값싼 주식에 주목하는 것이 아닌, 가치가 내려가고 있는 큰 기업들을 찾아 거기에 투자하려고 힘썼습니다. 사람들은 버핏이 투자의 귀재로서 성공한 것은 전적으로 그레이엄의 가르침의 영향이 컸다고 말하는데 멍거가 내리는 버핏에 대한 평가는 사람들이 생각하는 평가와는 사뭇 달랐습니다.

버핏이 그레이엄의 투자방식을 따르지 않았더라면 더 나은 투자자로 발전되었을 것이라고 그는 당당히 말합니다. 누구의 영향을 받지 않고 자신의 뛰어난 지적 능력과 수학적인 머리에 의존하여 투자를 했더라면 훨씬 더 큰 투자자가 되었을 것이라고 말합니다.

이에 대해 버핏은 그 평가에 대해 지나친 칭찬이라고 말합니다. 그러나 멍거는 그만큼 버핏의 머리와 능력을 높게 평가하고 있었지요.

버핏은 점차 멍거의 주장을 신용했고 그의 판단에 존경을 표했습니다. 자신에게 영향을 끼쳤던 벤저민 그레이엄은 반드시 헐값의 주식을 사들여야 한다고 했지만 버핏은 반드시 헐값에 사지 않아도 좋은 투자를 이룰 수 있다는 멍거의 주장을 전적으로 받아들이기 시작합니다.

버핏의 말대로 주식투자에 새롭게 눈뜨게 한 인물이 바로 멍거였던 것입니다.

"찰리 멍거는 벤저민 그레이엄의 가르침과 달리 싼 주식만 찾아다녀서는 안 된다는 것을 알려주었습니다. 이 점이 그가 내게 미친 가장 큰 영향입니다. 그레이엄의 가르침에서 빗어나는 데에는 아주 강력한 힘이 필요했습니다. 그것이 바로 찰리의 마인드가 지닌 힘입니다. 그는 내 갇혀져 있던 생각을 열어주었습니다."

두 사람은 점차 투자에 대한 의견을 일치시키기 시작합니다. 주식을 가급적 싸게 매입하는데 신경을 썼던 초창기의 버핏이었다면 멍거를 통해 이제는 조금 비싸게 주식을 사더라도 장기간의 수익을 보장해 줄 양질의 사업에 투자를 하는 것이 유리하며 그것이 올바르다는 것을 인식하기에 이른 것입니다.

버핏은 생각을 바꾸었고 생각을 바꾸고 투자를 하자 더 큰 수익과 투자자로서의 높은 자리를 차지하게 되었습니다. 그레이엄의 주장은 주장대로 멍거의 주장은 멍거의 주장대로 나름의 장점을 확보하고 있었기에 이 장점들을 절묘하게 조화시켜 버핏은 크게 성장해 갈 수 있었습니다.

혼자 일을 해낼 수 있는 사람이 좋은 파트너다

어떤 일에 자기 자신보다 더 뛰어난 사람은
어디서든 있게 마련입니다. 이끄는 사람이 되려면
먼저 따르는 사람이 되는 법을 배워야 합니다

대개 2인자들은 1인자의 그늘에 가려 있게 마련이지요. 하지만 멍거는 버핏에게 절대적 영향을 미치는 인물이었습니다. 멍거는 투자에 성공하기 위해선 경제 이론보단 자연과 사람에 대해 먼저 공부해야 한다고 강조한 인물이었습니다.

2005년 멍거는 '가난한 찰리의 연대기'란 자신의 자서전이 출간된 뒤 가진 인터뷰에서 '성공 투자를 위해선 어떤 지식이 필요하며 필요하다면 어떻게 쌓아야 하는가?'라고 기자가 묻자 그는 이렇게 말합니다.

"올바른 투자를 하려면 무엇보다 자연과학과 인문

과학이 무엇인지를 이해해야 한다. 이것은 매우 중요하며 그 이유는 이들 학문이 판단을 균형 있게 만들기 때문이다."

멍거의 이 말은 그가 어떠한 투자의 마인드를 가지고 있었는지를 짐작할 수 있게 합니다.

이들의 공통점은 그들이 책벌레였을 만큼 독서광이었다는 점입니다. 그리고 신문 잡지도 빼놓지 않고 탐독하였지요. 독서의 중요성을 그들은 익히 알고 있었으며 그리하여 독서에 집착을 보였고 열광하였습니다.

사람들이 버핏에게 멍거가 없었다면 오늘날의 버핏이 없었을 것이라고 말할 정도로 그가 버핏에게 끼친 영향은 상당히 컸습니다.

워렌 버핏은 이렇게 말했습니다.

"나는 보고 그는 듣습니다. 우리는 명콤비입니다. 많은 사람들이 찰리 멍거를 사업가라고 부르지만 나는 그를 스승이라 부르고 싶습니다. 그의 귀중한 가르침이 있었기에 버크셔 해서웨이는 더 가치 있고 존경 받는 회사가 될 수 있었습니다."

버핏은 왜 멍거를 정신적 스승이라고 사람들에게 당당하게 말했을까요? 주주총회 등에서 버핏은 대답하기 어려운 질문이 생기거나 보충설명이 필요하면 멍거에게 얼른 조언을 구하고 그의 기막힌 답변을 얻습니다. 그리곤 주주들에게 보내는 편지에도 항상 버핏은 이라고 하지 않고 찰리와 나는 이라는 표현을 씁니다. 그만큼 멍거는 버핏의 투자 철학에 큰 영향을 끼친 사람입니다.

언젠가 버크셔 해서웨이 회의에서 버핏이 '말은 찰리가 하고 나는 그냥 입만 벙긋하는 겁니다.' 라고 말해 좌중에 폭소를 터뜨리게 하기도 했습니다.

버핏과 멍거는 거듭 말하지만 환상의 콤비이자 파트너였습니다. 버핏이 재치와 유머로 무장한 사람이라면 멍거는 태산 같은 뚝심으로 버텨내는 사람입니다.

찰리 멍거는 버크셔 해서웨이에서 주최하는 행사나 이벤트에서 버핏과 나란히 앉고 있지만 모든 영광은 언제나 버핏에게만 쏟아진다는 것을 누구보다 잘 알고 있습니다. 찰리 멍거는 그러나 이에 대해 조금도 개의치 않고 버핏의 뒤에 가려진 2인자의 삶을 기꺼이 받아들이고 있습니다.

그런 인간성을 지닌 멍거를 주주들은 한없이 존경하고 한없이 신뢰합니다. 그는 버핏처럼 쇼맨십은 없지만 인생을 즐길 줄 아는 사람이지요. 겉으로 자신을 드러내기보다 말없이 자기의 소신을 지키는 우직함이 있었기에 억만장자이면서도 누구보다 평판에 구애받지 않는 자유로운 생활을 누리고 살고 있는 것입니다.

그는 진정한 자유인입니다. 진정한 자유를 느끼고 사는 사람은 결코 자신을 내세우려 하지 않고 자신의 치적에 대한 평가에 굳이 연연하지 않습니다. 이러한 점이 보통 사람들과 다른 점이지요. 더구나 자신을 인정하고 그 능력을 알아주는 환상적인 파트너 워렌 버핏이기에 더더욱 그럴 수 있었는지도 모릅니다.

멍거가 말합니다.

"가장 좋은 파트너는 혼자 일을 해낼 수 있는 사람입니다. 사람에 따라 이끄는 파트너가 되기도 하고 따르는 파트너가 되기도 하지요. 또한 동등한 입장에서 협조하는 파트너가 되기도 합니다. 사람들은 내가 갑자기 워렌을 따르는 파트너가 된 사실을 믿기 힘들어 하더군요. 그러나 사람은 파트너가 되어 따르고 싶은 사람이 있는 것입니다. 자기 자신보다 어떤 일에 더 뛰어난 사람은 어디서든 있게 마련이기 때문입니다. 이끄는 사람이 되려면 먼저 따르는 사람이 되는 법을 배워야 합니다."

서로 존중하는 일급 투자가들. 그렇다면 워렌 버핏이나 찰리 멍거와 같은 일급 투자가는 그렇지 않은 사람들과 뭐가 다를까요?

우리는 정말 궁금하지 않을 수 없습니다. 종목 선택 능력일까요? 아니면 시장의 흐름을 잡아내는 탁월한 감각일까요? 물론 이런 것들도 빼놓을 수 없겠지요. 하지만 그들에게서 공통으로 발견되는 것은 바로 독서입니다. 버핏은 자신의 시간 대부분을 독서로 보냅니다. 독서에 얼마나 집중하는지를 그는 다음과 같이 말합니다.

"나는 아침에 가벼운 마음으로 출근한다. 도착해선 바로 독서를 하기 시작하며 그런 다음 여러 시간 업무에 관한 통화를 한다. 그런 다음 읽을 책을 가지고 집으로 돌아온다. 나는 무조건 많이 읽는다."

읽기는 생각의 전 단계입니다. 독서를 통하지 않고서는 생각의 폭을 넓힐 방법이 없다는 것을 우리는 알아야 합니다. 일급 투자가들은 그래서 읽고 생각하는데 많은 시간을 보내며 정작 행동하는 데는 그다지 많은 시간을 들이지 않습니다.

멍거는 버핏과 자신의 투자 스타일에 대해 이렇게 말합니다.

"우리에게는 분명한 공통점이 있다. 우리는 둘 다 바쁘게 움직이는 것을 좋아하지 않는다. 그저 앉아서 읽고 생각할 시간을 가지면서 하루를 보내고 싶어 한다. 이것이 다른 사업자들과 다른 점이다."

멍거는 버크셔가 자기가 속하고 자신이 경영에 참여하는 회사이기 때문이 아니라 기업성공의 모델을 찾으려면 반드시 버크셔를 연구해야 한다고 말합니다. 버크셔가 성공할 수 있었던 가장 직접적인 원인은 정보수집에 대한 노력과 기업 시스템을 단순화 시킨 것을 꼽습니다.

오늘날 워렌 버핏의 좋은 파트너로서 투자인생을 함께 해온 멍거의 다음 말은 우리들에게 많은 것을 생각하게 합니다. 그리고 많은 사람들이 이 말을 상당히 설득력 있는 말로 받아들이고 있습니다.

"투자를 할 때 가장 중요한 것은 바로 주식을 일종의 사업으로 봐야 한다는 것입니다. 경쟁에서 앞서고 사업의 성공이 계속 유지될 수 있을지를 판단하는 것입니다. 현재가 아니라 미래의 현금흐름이 될 수 있는 가치를 찾는 것입니다. 이익이 확실하다고 인정될 때만 움직이고 승산을 이해해야만 하며 유리할 때만 베팅하는 훈련을 해야 합니다."

분명한 것은 투자를 했으면 자신이 투자한 것보다 더 많은 것을 얻어내야 한다는 결론입니다. 이러한 그들의 투자 철학은 곳곳에서 투자하는 대로 성공을 거두게 됩니다.

버핏은 오늘날에 와서 지난날을 회고할 때 자신에게 가장 큰 영향을 끼친 사람으로 자신의 아버지와 벤저민 그레이엄, 그리고 멍거를 지목하지요. 물론 자신의 아내도 영향을 끼쳤고 다른 사람들도 일정 영향을 끼친 사람들이 있었지만 자신의 성공에 핵심적인 인물은 바로 그들이었다고 말합니다.

아버지는 올바로 성장하는 것을 도왔고 그런 아버지 밑에서 성장한 버핏은 자신에게 투자에 필요한 지적인 틀을 갖춰주고 주식이 하락세를 보여도 절대 흔들리지 않는 능력을 키워준 스승 그레이엄에 대해서 늘 평생 오늘날 자신을 있게 해준 은인이었다고 말합니다.

그리고 멍거는 자신에게 뚜렷한 성장세와 수익을 보장하는 사업이 갖는 장점에 집중하도록 만들었다고 말합니다. 멍거는 사업에 몰입하지 않으면서도 그 사업을 금방 이해하는 놀라운 통찰력을 가진 인물이었다고 말합니다.

멍거는 성공의 포인트는 자신이 잘 할 수 있는 것이 무엇인지 얼른 파악하는 것이라고 입버릇처럼 말합니다. 누구나 잘 할 수 있는 분야는 있게 마련이고 그 잘 할 수 있는 분야를 찾아 거기에 몰입했을 때 성공은 자연적으로 따라오는 현상이라고 말합니다. 그리고 결정을 하는데 있어선 치밀하고 하찮은 것에 구애받질 않아야 한다는 것을 믿고 따른 사람이었습니다.

"좋은 사업과 나쁜 사업의 차이점은 분명한 대조를 이루고 나타납니다. 좋은 사업은 결정을 내리기 쉬운 상황이 계속 이어진다는 것이고 반면에 나쁜 사업의 특징은 연달아서 고통스러운 결정을 내려야 하는 일들이 이어진다는 겁니다."

이렇게 말한 멍거는 버핏이 주주총회에서 했던 말을 인용해서 말합니다.

"성장하면서 많은 자본을 필요로 하는 기업이 있는가 하면 성장하면서 자본을 필요로 하지 않는 기업이 있지요. 이 두 기업의 차이는 엄청난 차이가 있는 것입니다."

이렇게 말한 멍거의 개인적 성공은 물론이고 버크셔 해서웨이의 발전과정을 통해서 우리는 여러 가지 중요한 교훈을 배울 수 있습니다.

"사람들은 몇 가지 단순하면서도 위대한 아이디어의 중요성을 과소평가합니다. 나는 버크셔 해서웨이가 기업이 해야 할 올바른 가르침을 주고 있다고 생각합니다. 가장 중요한 교훈은 몇 가지 위대한 아이디어가 진정으로 중요하다는 것입니다. 우리가 갖춘 이것들이 제 역할을 톡톡히 해낸 이유는 단 하나, 그것이 매우 단순하기 때문입니다."

성공한 사람들이 자주 사용하는 말이기도 하지만 버핏이나 멍거는 기회가 찾아왔을 때 모든 것을 걸어 승부하라고 말합니다. 기회는 자주 오는 것이 아니기 때문에 이를 놓치는 사람은 성공에서 멀어진다는 이야기지요.

  바로 그러한 차이가 성공과 실패를 가른다는 것을 기초적으로 간단히 설명합니다. 다시 말하면 자그마하게 여기저기 집적거리듯이 투자를 하는 것이 아니라 기회가 오길 기다렸다가 기회가 왔을 때 크게 투자하는 것, 확률이 높을 때 과감하게 승부를 거는 것을 말합니다.

기회가 왔을 때 놓치지 마라

내가 하는 것보다 훨씬 더 잘할 수
있는 사람을 만났는데 더 이상
무엇을 바랄 게 있습니까

버핏에겐 기회가 왔음을 정확하게 알아채는 능력이 뛰어났습니다. 시장의 흐름을 잘 파악했으며 투자가 결정되면 절대 주저하는 일이 없는 것이 특징이었습니다. 그러나 천하의 투자 귀재인 버핏도 항상 기회가 왔던 것이 아니라 몇 번의 기회가 왔을 때 그것을 놓치지 않았던 것으로 우리는 그의 판단력에 주목해야 합니다.

그가 부자가 되는 비결은 평생 동안 탁월한 기업을 세 개만 발견하면 된다고 말한 것처럼 그는 가장 중요한 시기에 탁월한 기업을 여러 개 발견하였습니다. 그것이 부자의 원동력이었고 어떠한 일에도 흔들리지 않는 기업을 만들어낸 것입니다.

숫자에 천재적인 재능을 보였던 버핏, 그는 회계는 비즈니스의 언어라고 즐겨 말하곤 합니다. 이것이 바로 그가 남들에게 내세우는 자신감이지요. 그는 회사를 인수하기 전 인수할 것인가를 결정하기에 앞서 대차대조표를 빠르게 훑어보는데 그 숫자들을 훑어보면서 우리가 발견해내지 못하는 것을 빨리 찾아내는 능력이 있습니다. 그것이 바로 그의 힘입니다.

또한 버핏에게 있어 또 하나 빼놓을 수 없는 인물이 있는데 바로 세대를 넘어선 우정을 쌓고 있는 빌 게이츠입니다. 앞선 사람들처럼 서로 자기 사업으로 관련되어 있는 것이 아닌, 서로는 사업하는 분야가 다른 사람들로서 그들의 우정은 매우 안정적이고 장엄하기까지 합니다. 서로는 돈을 버는 공식이 다름에도 버핏은 마이크로소프트를 여러 차례 방문하면서 게이츠와 대화 나누는 것을 즐깁니다.

버핏은 빌 게이츠를 가리켜 자신이 여태껏 만나본 사람 중에 가장 똑똑한 사람이라고 말했고 빌 게이츠는 마이크로소프트

외부에 있는 경영인 가운데 가장 좋아하는 사람으로 그를 지목했습니다. 그 이유로 버핏은 모든 일에 항상 생각을 많이 하고 일반적인 통념에 사로잡혀 있지 않아 가장 좋아하는 사람으로 지목한 것입니다.

버핏과 게이츠가 처음 만난 것은 1991년 주요 인사들의 모임에서였습니다. 그러나 처음 게이츠는 이 모임에 참석하길 원하지 않았습니다. 거기에 중요 인사로 참석하는 버핏은 금융전문가이고 만나봐야 딱딱한 금융이론이나 늘어놓을 것이라 판단해서지요. 그러나 게이츠의 어머니는 명사들이 모이는 자리이므로 반드시 참석하길 권유했고 마지못해 참석한 이 자리는 그러나 금세기의 만남이 주선된 뜻 깊은 자리가 될 줄 당시에는 아무도 몰랐었지요.

버핏과 게이츠는 이 자리에서 게이츠의 관심사 중 하나인 컴퓨터 회사 IBM의 미래에 대해 깊이 있는 대화를 나누었습니다. 게이츠는 금융 이외에 컴퓨터와 소프트웨어 부문에 대해서도 깊이 있는 지식을 갖고 있는 버핏에게 놀랐습니다.

버핏은 이런 게이츠에게 세계의 빈곤 문제를 자세하게 분석한 1990년대 초반의 세계은행 보고서를 읽어 보도록 권합니다. 이 보고서는 게이츠가 후진국에 대한 자선에 눈을 뜨게 되는 계기가 됐지요. 그러니까 버핏이 게이츠를 자선의 길로 인도한 셈입니다.

게이츠가 사업상 후진국을 방문할 때마다 빈곤과 경제적 불평등 문제에 깊은 관심을 기울이기 시작한 것은 바로 이때부터였습니다.

버핏과 게이츠는 이후 세상 누구보다 가장 가까운 친구로 지내고 있습니다. 서로의 집을 자주 방문하고 또한 함께 여행을 하기도 했으며 버핏의 아내가 2004년 7월에 세상을 떠나자 공석이 된 이사회의 자리를 그가 채우고 있기도 합니다.

많은 주식은 아니지만 게이츠는 버크셔 이사로 버크셔의 주식을 가지고 있으며 버핏도 버크셔 해서웨이를 통해 마이크로소프트에 주식을 갖고 있습니다.

이렇게 좋은 우정을 쌓아가고 있는 두 사람은 2006년 6월 25일 세계의 뉴스 주인공으로 등장합니다. 버핏이 자신이 가지고 있는 주식의 85%(당시 가치 440억 달러)를 다섯 곳의 자선단체에 기부하겠다고 공식적으로 밝힌 것이지요. 버핏은 이 중 6분의 5를 게이츠 재단에 기부하기로 발표합니다.

게이츠 재단은 잘 알고 있다시피 마이크로소프트 창업자인 빌 게이츠와 그의 부인 멜린다가 운용하고 있는 자선단체입니다.

오래전부터 자신이 죽으면 재산을 사회에 환원하겠다고 세상에 널리 공표해온 버핏이기에 이런 발표가 새로울 것은 없지만 세상 사람들을 놀라게 한 것은 그 많은 재산의 대부분을 빌 앤드 멜린다 게이츠 재단에 맡기리라고는 아무도 예측하지 못했기 때문입니다.

버핏은 그 많은 돈을 게이츠 재단에 기부한 동기에 대해 이렇게 말합니다.

"나는 게이츠 재단이 내 돈을 가장 좋은 곳을 골라 쓸 것이라 판단했습니다. 그와 나, 또한 그의 아내 멜린다 게이츠와도 친하게 지냈으며 모든 노력을 다해 재단을 운영하는 그들을 존경하기 때문입니다.

세상에는 지금 이 순간에도 도움의 손길을 필요로 하는 사람이 많으며 빌과 멜린다는 이들을 돕기 위해 노력하고 있습니다. 어려움을 겪고 있는 사람들을 위해 재산을 사회에 환원한 것이라면 젊고 똑똑한 이들 부부가 운영하는 재단이 가장 이상적이라고 생각했습니다. 그들의 생각과 방향이 옳다는 것이 입증된 지금 나는 그들이 지금까지 해온 것처럼 이 일도 성공하게 될 것임을 조금도 의심치 않고 확신합니다.

내가 재산을 사회에 환원하기 위해 대상을 찾고 있었는데 그

대상은 바로 그들입니다. 더 이상 망설이고 다른 곳을 찾을 이유가 없습니다. 내가 하는 것보다 훨씬 더 잘할 수 있는 사람을 만났는데 더 이상 무엇을 바랄 게 있습니까?

　큰 상금이 걸린 골프대회에서 자기 대신 뛰어줄 선수가 타이거 우즈라면 이를 거절할 사람은 세상에 한 사람도 없을 것입니다. 이것이 내가 내 돈에 대해 내린 결정의 배경입니다."

　자기의 전 재산을 거의 다 기부한 버핏은 자신의 돈이 인류의 건강발전에 쓰이길 바라고 있습니다. 그리고 자신이 제공한 기부금은 기부한 그 해에 전부 사용되어야 한다는 조건을 달았습니다.

 버핏은 기부를 하는 데 있어서도 자신의 투자 스타일을 적용한 것입니다. 개인의 부가 사회를 위해 쓰이고 그것이 인간의 가장 명예로운 일이라고 믿어온 버핏은 그 믿음대로 행동에 옮겼으며 자신이 죽은 후에도 그의 명예로움은 영원히 남게 된다는 것을 그 자신 또한 잘 알고 있었습니다.

 거액의 기부금을 받은 빌 게이츠는 버핏에 대해 이런 덕담을 남겼습니다.

 "워렌 버핏은 세계 최고의 투자자로 남을 뿐만 아니라 세계 최고의 자선 투자가로 남을 것입니다."

 세계에서 가장 돈 많은 부자인 두 사람의 이러한 관계는 세상에서 가장 아름다운 일이 아닐 수 없습니다. 세상 사람들이 이들에게 뜨거운 박수를 보내고 있는 이유가 여기에 있는 것입니다.

깨달을 수만 있다면 모든 것이 교훈이다

사업은 시작할 때와 목적이 거의 이루어져 갈 때가 가장
실패의 위험성이 크다고 하는데 이는 배가 먼 바다보다
육지와 가까운 해변에서 잘 난파하는 것과 같은 이치입니다

버핏의 주위에 또 하나 떠오르는 인물이 있다면 버크셔의 후계자 중 한 사람으로 지목되고 있는 루이스 심슨입니다. 만일 멍거와 자신에게 무슨 일이 생길 경우 버크셔의 모든 일을 담당할 수 있는 인물이 그라는 것을 버핏은 강조하고 있습니다. 1936년생으로 여러 분야에서 버크셔를 대표하며 버핏의 신임을 받아왔던 사람입니다.

버핏의 주위에 있는 인물의 공통적인 특성은 그들의 판단력과 통찰력이 뛰어난데 있기도 하지만 거의 모두가 독서광이라는 점이지요. 심슨도 예외가 아닙니다. 일에도 열정적인 반면 일하

는 시간만큼이나 독서에 열을 올립니다. 자신들의 모든 능력을 뒷받침하는 것이 독서라는 듯이 그들은 하루 종일 독서할 수 있는 시간이 주어진 날을 가장 행복한 날이라고 말합니다.

심슨의 특징은 투자를 할 때 버핏이 초반에 그랬던 것처럼, 또한 그의 스승 벤저민 그레이엄이 그랬던 것처럼 독자적인 판단력에 의지한다는 점입니다. 그 독자적인 판단은 그러나 놀라울 정도로 맞아떨어지고 그렇게 해서 선별된 주식은 다양한 선택으로 폭이 아주 다양합니다. 그리고 버핏처럼 주식을 선별해 움켜쥐면 그것을 장기 보유한다는 점에서 버핏의 투자 성향과 거의 같습니다.

절대 몇 주 앞을 내다보고 투자하진 않지요. 수년을 내다보며 주식시장의 짧은 흐름에 연연하지 않으며 배당금을 많이 주는 회사보다 성장 가능성이 높은 회사를 선택하여 장기간 투자하는 것이 성공의 비결이라고 굳게 믿고 있습니다.

이러한 공통점들로 인해 버핏은 심슨을 투자에 적격인 인물로 평가하길 주저하지 않습니다. 버핏은 시가총액이 아주 높은 곳에 투자를 하는 것도, 그 결정을 심슨이 독자적으로 내리는 것도 별반 대수롭지 않게 아주 자연적인 것으로 생각합니다. 그만큼 심슨의 독자적인 판단을 존중하며 능력을 인정하고 있습니다.

아니 이제는 버핏 자신보다 심슨의 투자 실적이 더 좋다는 말을 공공연히 자랑스럽게 말하고 다닐 정도입니다. 실로 높은 인격이 아닐 수 없지요.

특별히 루이스 심슨의 투자 원칙을 살펴보면 투자하기 전에 기업에 대해 폭넓게 연구 조사를 하며 주식을 사들일 때는 값을 지나치게 지불하지 말 것이며, 독자적으로 생각할 것이며, 투자는 장기적으로 할 것이며, 주주들을 존중하는 기업을 찾아 투자한다는 원칙이 있습니다.

버핏의 후계자인 루이스 심슨, 버크셔에서 심슨 말고 투자 일을 담당할 수 있는 사람은 없다고 버핏은 말합니다. 자신이 오늘 당장 이 세상에서 사라질 경우 투자를 담당할 사람은 오로지 심슨이라고 말하는 것에 대해 그러나 심슨 본인은 이런 문제에 대해 아주 신중하고 그런 일들이 실제로 일어날 가능성은 없다고 말합니다.

버핏이 죽은 다음 버크셔를 운영하게 될 최종 결정은 버핏의 뜻도 중요하지만 이사회의 결정에 달려 있기에 신중한 발언을 하는 것도 있겠지요. 지능과 인격과 기질에서 뛰어난 심슨이 경솔하게 이 말에 동의하며 고개를 끄덕이진 않는 것은 신중함 때문일 것입니다.

이들은 최대 능력을 갖춘 인물들로서 함께 뭉쳐 같은 길을 걸어가고 있습니다. 단순 코드가 맞아서 그 길을 가는 것이 아니라 정상의 길을 가기 위한 자신들의 이상이 맞아떨어져 함께 가고 있는 것이지요.

그러나 그들 세계는 분명 1인자와 2인자로 구분되어 있지만 그것은 일반적인 사람들의 판단이고 그들에게 존재하는 것은 최대의 파트너십, 최대의 경쟁자, 최대의 믿음이 존재하고 있는 것입니다.

워렌 버핏, 그는 금세기가 낳은 전설의 투자자입니다. 그의 손길이 닿는 곳이면 거기에는 황금알이 쌓이지요. 그는 시작도 좋았고 황혼기에 접어든 지금도 좋습니다. 그의 삶 자체가 계속 미래를 지향하고 있고 그가 다지고 살아온 그 길 또한 미래를 지향하기 위한 업적으로 쌓아만 가고 있습니다.

세밀하고 계획적이고 수리적인 뛰어난 머리로 어떻게 투자하는 것이 승리로 이끄는가를 잘 판단하여 결국 승리로 이끈 인물 워렌 버핏,

사업은 시작할 때와 목적이 거의 이루어져 갈 때가 가장 실패의 위험성이 크다고 하는데 이는 배가 먼 바다보다 육지와 가까운 해변에서 잘 난파하는 것과 같은 이치입니다. 그런데 워렌 버핏은 이를 잘 극복하여 오늘날의 금자탑을 이루었습니다.

우리는 하지 말아야 할 것을 발견함으로써 해야 할 것을 발견하게 되는 것입니다. 깨달을 수만 있다면

모든 것이 교훈이라는 것을 잊어선 안 됩니다.

그는 투자하기에 앞서 단순 명쾌한 방법을 선택하였지만 결코 벌레가 불에 타죽는 것을 생각지 못하고 무조건 불속으로 뛰어드는 것처럼 하지 않았으며 물고기가 위험한 줄도 모르고 미늘에 달린 먹이를 덥석 무는 것과 같은 그런 행동을 보이지 않았습니다.

거듭 설명하지만 그가 투자를 결정할 때는 신중함과 치밀함 속에서 결정을 내린다는 것입니다. 그의 투자를 지켜보는 사람들은 그저 그가 타고난 감각으로 판단을 한다고 생각할지 모르지만 절대 그렇지 않습니다.

이미 그에겐 철저한 성공의 전략이 다 갖추어 있고 그 전략대로 움직이고 있다고 생각하면 됩니다. 중요한 것은 그의 전략은 모두 성공을 거두고 있다는 사실입니다.

제5장

...

...

버핏의 재미있는 일화

> "제 나이가 실제로는 아홉 살인데 연례보고서에 왜 열한 살로 적어놓았지요? 이렇게 해서야 제가 어찌 버크셔의 재무 숫자를 믿을 수 있겠습니까? 답변해 주십시오."

자네는 미성년자잖아

오지 말라고 막아도 저는 내년에도
꼭 올 겁니다 저는 주주니까요
나도 알고 있어

　뉴욕의 케너 인쇄회사 사장인 피터 케너에게는 아홉 살짜리 아들 니콜라스가 있었습니다. 어느 날 어린 니콜라스는 버크셔 주주로서 주주총회에 참석하게 해달라고 아버지에게 조릅니다. 케너 부자는 버크셔 주식을 가지고 있었고 이미 4대에 걸쳐 버핏과 인연을 가지고 투자해 왔습니다. 그러니까 케너의 아버지는 버핏 투자조합시절 이후 투자가였고 어머니는 벤저민 그레이엄과 친구사이였습니다.
　이미 몇 년 전 우연히 워렌 버핏을 길에서 만나 인연을 맺었던 케너는 어린 아들이 주주총회에 참석해 왜 자신이 투자한 버크셔의 주가가 떨어졌는지를 물어야겠다고 하도 우기는 바람에 아버지 케너는 난처한 입장이 되었지만 결국 허락하고 맙니다.

케너는 주주총회가 있기 전에 우연히 버핏을 만났고 그 자리에서 자신의 어린 아들이 주주총회에 참석하길 희망한다는 말을 하였습니다. 그러자 버핏은 어린 주주가 주주총회에 참석하여 무엇이든 물어도 좋다고 승낙을 합니다.

드디어 1990년, 버크셔 정기 주주총회에 아홉 살짜리 니콜라스가 나타났습니다. 이미 그는 주주총회의 첫 질문자로 정해져 있었고 첫 질문자로 나선 어린 니콜라스는 아주 어른스럽게 버핏에게 결정적인 질문을 던집니다.

"왜 버크셔의 주가가 8,900달러에서 6,700달러로 떨어졌습니까?"

당돌한 질문에 당황한 버핏은 그러나 한편으론 이 어린 투자자에게 매력을 느끼고 있었으며 흐뭇한 표정을 감추지 못하며 일부러 화난 척 소리쳤습니다.

"자네는 미성년이잖아. 미성년자는 주주총회에 참석할 자격이 없어!"

그리곤 전설의 투자자 버핏은 어린 니콜라스의 질문에 적절한 답을 알지 못한다고 실토했습니다. 투자의 대가가 어린 투자자의 질문에 답하지 못함은 이때 커다란 화제를 일으켰습니다.

버핏은 다음 해 연례보고서를 알리는 편지에 이렇게 적어놓았습니다.

"지난해 나를 궁지에 몰아넣었던 니콜라스가 이번 주주총회에 참석합니다. 그 아이는 주주총회가 끝나고 나와 함께 디즈니월드에 가자는 청을 퇴짜 놓았습니다. 그러니 참석하여 제가 한참 밀리고 있는 재미있는 싸움의 연장전을 구경하시기 바랍니다."

이렇듯 전 해 주주총회에서 화제를 일으켰던 어린 아이는 다시 1991년 주주총회에서 첫 번째 질문자로 지목되었습니다. 불과 버크셔 주식 10주만을 가지고 있는 어린 니콜라스. 그런 아이를 첫 번째 질문자로 지목하고서 그의 질문을 기다리고 있는 천하의 워렌 버핏.

니콜라스가 질문을 준비하고 있자 어린 주주의 긴장을 풀어주기 위해 버핏은 '내 손녀딸을 소개해 주고 싶은데 어떤가?' 라고 농담을 던져 한바탕 웃음바다를 만들었습니다.

니콜라스가 질문한 내용은 두 가지였습니다.

"왜 펩시콜라 대신 코카콜라에 투자를 한 것이지요?"

"제 나이가 실제로는 아홉 살인데 연례보고서에 왜

열한 살로 적어놓았지요? 이렇게 해서야 제가 어찌 버크셔의 재무 숫자를 믿을 수 있겠습니까? 답변해 주십시오."

어린 니콜라스의 두 번째 질문에 주주총회는 한바탕 웃음이 끊이질 않았고 당황한 버핏은 그 문제는 서면 답변을 할 참이었다고 말한 뒤 질문에 답변하였습니다.

첫 번째 질문에 대하여 코카콜라를 선택한 것은 코카콜라의 엄청난 잠재력을 보았기 때문이라고 세세하게 이유를 설명하고 두 번째 질문에 대해서는 웃음을 지으며 이렇게 말합니다.

"두 번째 질문은 아주 날카로운 질문이었어. 내년에도 참석하여 그러길 바라마."

"오지 말라고 막아도 저는 내년에도 꼭 올 겁니다! 저는 주주니까요."

"나도 알고 있어."

버핏은 크게 웃음을 지으며 어린 투자자를 바라보았습니다.

이 자리에서 버핏이 벤저민 그레이엄으로부터 배운 조언이라면서 한 유명한 말이 있습니다.

"다른 사람들이 당신의 의견에 동의한다고 해서 당신이 옳은 것은 아닙니다. 당신이 옳은 것은 당신이 제시하는 것이 옳고 당신이 말하는 것에 충분한 이유가 있기 때문입니다. 이것이 당신을 올바르게 만드는 유일한 요소인 것입니다."

버핏에 관한 일화는 또 하나 있습니다.

2001년 골프선수 타이거 우즈의 캐디가 된 것이 그것입니다. 자선경매행사에 수많은 부자들이 참가한 자리에서 버핏이 전용기 서비스 기업 넷제트를 홍보할 수 있는 좋은 기회라 생각하여 제안한 것은 올랜도 왕복 항공권과 타이거 우즈와의 골프시합을 경매에 내놓은 것이었습니다. 타이거 우즈는 당시 넷제트의 고객이었고 이 항공사 사장은 버핏이 우즈의 캐디를 맡을 것이라고 발표했습니다.

약속대로 버핏은 우즈의 뒤를 따라다니며 캐디를 맡았지요. 이 광경을 보기위해 많은 갤러리들이 모였습니다. 그런데 마지막 18번 홀에서 타이거 우즈가 놀라운 제안을 하기에 이릅니다. 버핏에게 파4홀에서 내기를 하자는 것이었죠.

타수가 낮은 사람에게 5달러를 주자는 내기였습니다. 분명 시합은 안 될 것이 뻔한 것이어서 우즈는 무릎을 꿇은 채로 경기를 하겠다고 말했습니다. 세계 최고의 골퍼가 제안한 내기에 세계 최고의 투자자는 흔쾌히 응했습니다. 우즈가 무릎을 꿇은 채로 한다면 아무리 천하의 우즈라 해도 자신이 이길 것이라고 판단했습니다.

이윽고 시합이 끝난 후 그러나 버핏의 예상과는 달리 우즈가 이겼고 버핏은 우즈에게 5달러를 주었습니다. 사람들이 후에 이때의 감상을 묻자 버핏이 말했습니다.

"사람들은 내가 손해 보는 일은 절대 하지 않는 사람인 걸로 알고 있습니다. 맞습니다. 나는 절대 손해 보는 일은 하지 않습니다. 그러나 나는 타이거 우즈와의 내기에서 5달러를 잃고 손해를 봤습니다. 그게 전부입니다."

버핏다운 대답이었지요. 그것이 그의 고정된 사고였고 단 한 푼도 손해 볼 수 없다는 사고가 굳어져 있는 그에게 단 5달러를 잃는다는 것은 수치스러움이었을 것입니다.

그의 굳건한 사고를 증명해 주는 또 하나의 이야기는 우리에게 너무나 많은 것을 깨닫게 합니다.

어느 날 버핏은 오마하에서 그 옛날 함께 사업을 벌였던 고향사람들과 골프를 치러 갔습니다. 막 골프를 시작하려는 순간, 어느 한 사람이 버핏에게 이런 제의를 합니다.

"우리 내기를 거는 것이 어떻겠소? 골프는 내기가 걸려야 재미 있는 것 아니오?"

"어떤 내기를 말이오?"

"당신이 10달러를 걸고 만일, 당신이 홀인원을 치면 만 달러를 주겠소."

홀인원이라는 것은 한 번에 공을 쳐서 홀컵에 넣는 일로 평생 골프를 쳐도 한 번 나올까 말까할 정도로 거의 불가능에 가까운 것입니다. 버핏은 이런 제의에 별반 관심이 없다는 듯 가만히 고개를 가로저으며 말했습니다.

"그 내기를 하지 않겠소. 내게 흥미를 끌 제안이 아니오."

"아니 그깟 10달러인데 뭘 그러시오. 당신은 세계적인 갑부 아니오?"

"돈은 물론 많지요. 그러나 나는 여태껏 살아오면서 승리할 확률이 없는 게임엔 단 1달러도 걸어본 적이 없소. 이유는 바로 그것 때문이오."

그랬습니다. 수백 억 달러를 거머쥔 거대한 갑부에게 10달러의 단위는 아무것도 아니었지만 그러나 버핏의 거절은 그의 삶이었고 정신이었던 것입니다. 그 정신을 무너뜨리지 않으며 그는 간단히 거절했던 것입니다.

버크셔 해서웨이 워렌 버핏을 소개할 때면 언제나 이야기되는 유명한 얘기가 있습니다.

1965년 1만 달러를 가진 두 사람이 있었습니다. 한 사람은 당시 유명한 스탠더드 앤 푸어스 주가지수에 투자를 했습니다. 그리고 다른 한 사람은 네브래스카 주의 오마하시에서 막 출범한 투자회사 버크셔 해서웨이의 주식을 샀습니다.

40년 가까이 흐른 뒤 두 사람은 다시 만났지요. 살펴보니, 스탠더드 앤 푸어스 주가지수에 투자했던 사람은 50만 달러(6억 원)로 재산이 늘어나 큰 집을 샀습니다. 그렇다면 오마하시의 이름 없는 투자회사에 돈을 맡겼던 사람은 어떻게 됐을까요? 그는 무려 5천만 달러(600억 원)의 거부가 돼 돌아왔습니다.

1988년 주주정기총회에서 버핏은 다음과 같은 말을 합니다.

"실적이 좋은 운동선수로는 누가 있을까요? 아마 여러분은 테드 윌리엄스나 아널드 파머 같은 훌륭한 선수를 떠올릴 것입니다. 그 선수들이 벌 만큼 벌고 나면 운동에 대해 어떤 생각을 할까요? 단지 돈 때문에 운동을 하는 것은 아닐 겁니다. 만일 테드 윌리엄스가 야구에서 최고 보수를 받으면서 2할 2푼을 친다면 마음이 어떨까요? 그러나 가장 낮은 보수를 받으면서 4할을 친다면 훨씬 편하겠지요. 이것이 내 일에 대해 내가 갖는 느낌입니다. 돈은 내가 좋아하는 어떤 일을 잘했을 때 생기는 부산물입니다."

그는 캘리포니아 공과대학 강연에서 성공적인 투자에 관해 이렇게 말한 적이 있습니다.

"여러분이 잊지 말아야 할 것은 투자엔 오랜 시간이 걸린다는 것입니다. 나는 열한 살 때부터 투자를 시작했는데 돈을 모으는 과정은 언덕 아래로 눈덩이를 굴리는 것과 같습니다. 아주 긴 언덕을 가질수록 눈덩이는 더 커질 것이고 나는 지금 56년이라는 짧지 않은 언덕을 가지고 있습니다. 눈덩이가 커지기 위해선 점착성이 있어야 하고 시작할 때에는 작은 눈덩이가 분명합니다. 나는 사실 14살 때 신문배달을 하면서 이 작은 눈덩이를 가지게 되었습니다. 너무 서두르지 마십시오."

그리곤 같은 자리에서 이런 말을 덧붙였습니다.

"나는 13세 때 처음으로 세금을 냈지만 아깝지 않았습니다. 나는 정부의 도움을 필요로 하는 사람이 아니라 세금을 아주 많이 내는 사람이 되길 원합니다."

그는 자신의 실수에서 배우는 사람에게는 관심이 없고 다른 사람의 실수에서 배우는 사람을 찾았습니다. 그리고 필요가 없는 일은 잘할 필요가 없다고 말합니다.

자신이 하는 일을 즐길 때는 많은 일을 해도 힘들지 않으며 즐기며 일을 할 때는 힘에 부치지도 않습니다. 오히려 일을 함으로써 활력이 생기기 때문이지요. 버핏이 그랬습니다.

그는 누구보다 자신의 일을 사랑했던 사람입니다. 그리곤 거기에 따르는 성공을 즐긴 사람입니다. 성공에서 얻어진 엄청난 부를 모으는 것에 행복해 한 사람이었습니다. 그러나 그 모든 것을 그는 자신을 위해 쓰지 않고 사회에 환원시키며 고통스런 인류의 상처를 치유해 주고자 하는 사람입니다.

인간 어느 누구도 존귀하지 않은 사람 없고 선택이란 행운을 받지 않은 사람은 없습니다. 결국 우리 모두는 이러한 의미에서 행운아이고, 그 행운에 감사하는 마음에서 자기만족감을 얻는 것입니다.

또한 돈이나 지위를 목표로 하지 말 것과 정말로 사랑하는 일을 하라고 말합니다. 그러면 일이 삶이고 삶이 곧 일이며, 일이 놀이가 되고 놀이가 일이 되는 행복한 통일 속에서 엄청난 집중력이 발휘되어 그 결과로서 성공이 수확되는 것임을 설명합니다.

이 책을 끝내면서 내가 여러분에게 주고 싶은 선물로 이 한 마디를 하고 싶습니다.

"무엇을 얻고자 하면 지금 당장 시작하라! 인생에 되감기 버튼은 없다."

【 부록 】
부자가 되기 위해 꼭 알아두어야 할 경제 용어

가계

한 가정(집안)의 살림살이를 말합니다. 그래서 가족이 번 돈과 쓴 돈을 합계해 기록하는 장부를 '가계부'라고 부르는 것입니다.

거래

돈을 이용해 물건을 사고파는 것을 거래라고 합니다. 물건을 사고파는 것이 아니라 서로 교환만 하는 것도 거래의 한 종류입니다. 거래는 백화점, 상가, 통신판매 등 여러 종류의 시장에서 다양한 형태로 이루어집니다.

거품경제

거품경제는 말 그대로 실제가 아닌 가짜 경제현상입니다. 이유가 없는데도 가격이 올라가기 시작하면 많은 사람들이 덩달아 투기를 하게 되어 가격은 더욱 올라가게 되지요. 그러나 어느 정도에 도달하면 거품이 터지는 것처럼 높았던 가격은 원래대로 떨어지기 때문에 많은 사람들이 손해를 보게 됩니다. 주식 등의 분야에서 많이 쓰이는 말입니다.

경기

경제 상태가 어떠한가를 표현할 때 '경기'라는 말을 씁니다. '경기가 좋다'는 표현은 사업이 잘 된다는 뜻입니다.

경상수지

무역수지는 한 나라에서 일정 기간 동안 발생한 수출액의 합계에서 수입액의 합계를 뺀 금액입니다. 수출을 많이 하고 수입을 적게 했다면 무역수지는 흑자가 되고, 수입을 더 많이 했으면 무역수지는 적자가 됩니다.

경영

재정분야를 뺀 가계, 기업 등의 국민경제를 구성하는 개별 경제단위, 또는 그것을 운영하는 일을 말합니다.

경영분석

대차 대조표나 손익 계산서 따위의 재무제표를 자료로 기업의 경영 상태를 분석하고 판단하는 일입니다.

경제

반복적으로 재화나 용역을 취득하고 이용하는 경제행위의 현상으로 생산, 분배, 소비의 순환으로 이루어지는 부의 사회적 재생산 과정을 말합니다.

경제계획

한 나라의 경제를 어떤 목표를 향하여 움직여 가기 위하여 채택하게 되는 정책과 목표와의 관계를 계수 적으로 밝혀놓은 것을 말합니다.

경제성장률
한 나라의 경제가 보통 1년간에 얼마나 성장했는가를 나타내는 지표를 나타내는 일을 가리킵니다.

경제정책
정부나 지방 공공 단체 등이 국가나 지방의 경제적 이익을 위하여 일정한 목표를 세우고 실시하는 정책을 말합니다.

경제지표
경제활동이 이루어지고 있는 각 부문에 있어서의 동향을 나타내는 경제통계를 말합니다.

경제학
경제 현상을 대상으로 하여 생산과 교환, 분배와 소비 등의 법칙을 연구하는 학문을 말합니다.

고객만족경영
여태껏 올린 매상고나 이익이 늘어난 것과 같은 목표와 달리 고객에게 최대의 만족을 주는 것에서 기업의 존재 의의를 찾으려는 경영 방식을 말합니다. 이와 같은 경영 방식을 채택하는 기업으로는 손님을 주로 상대하는 은행이나 호텔, 항공회사 등이 있으며 최근에는 유통업이나 제조업체 등 전 산업 부문으로 파급되었습니다.

공개시장

누구나 자유로이 참가하여 유가증권을 매매하며, 수급의 실세가 반영되어 가격이 성립하는 상태에 있는 시장을 말합니다. 증권 시장 따위를 일컫지요.

공급의 법칙

상품의 가격이 오르면 공급량은 늘고 가격이 떨어지면 공급량이 줄어드는 현상을 말합니다.

공기업

공익을 목적으로 하며 국가나 공공단체에 의하여 소유되고 있는 기업을 말하는데 국가 또는 지방공공단체의 자본에 의해서 생산·유통 또는 서비스를 공급할 목적으로 운영되는 기업을 말합니다.

공정거래법

소비자를 보호하기 위하여 부당한 거래를 규제하고 공정하고 자유로운 시장기능 활성화와 경쟁질서 확립 등에 목적을 두고서 제정된 법률입니다.

구조조정

한 나라의 산업을 보면 다른 산업에 비해 경쟁력이 떨어지는 업종이 있게 마련입니다. 이처럼 경쟁력이 떨어지는 산업을 버리고 많은 이윤을 내는 산업을 중심으로 산업구조를 정리하는 과정을 구조조정이라 합니다.

국내총생산

한 국가의 일정기간, 보통 1년에 새로 생산한 재화나 무역의 화폐가치의 합계로서 한 국가의 순전한 국내경제활동의 지표로서 쓰입니다.

국민소득

일정한 기간 동안 한 나라에서 생산된 재화와 용역의 총액. 보통 1년을 단위로 그 나라에 정상적으로 거주하고 있는 자들이 생산한 최종 재화와 용역의 화폐가치를 총 합산함으로써 측정할 수 있습니다.

국민총생산

일정 기간에 한 나라의 국민경제 내에서 생산해 낸 최종생산물의 총 시장가치를 화폐단위로 나타낸 것을 말합니다. 오늘날 국민총생산은 한 나라의 경제활동수준을 가늠하는 데 가장 알맞은 지표로 사용되고 있지요.

글로벌 경영

경제활동 무대를 어느 특정 국가에 한정시키지 않고 세계시장을 대상으로 하는 경영을 말합니다. 글로벌 경영은 전 세계에 기업이 생산한 제품을 파는 것뿐만 아니라 전 세계에 퍼져 있는 자원들을 적절하게 이용하고자 합니다. 따라서 제품을 생산하기 위한 여러 가지 요소를 전 세계에 분산시키고, 다양한 시장에서 판매하는 방식을 취합니다.

금리
빌려 준 돈이나 예금 따위에 붙는 이자입니다. 즉 돈을 빌린데 대한 사용료 또는 임대료라고 할 수 있습니다.

금융실명제
모든 금융거래가 실명으로 이루어지도록 하는 제도로써 과세의 기반을 마련하고 근본적인 금융거래의 정상을 꾀하기 위한 것으로 실제 명의인이 누구인지를 확실하게 밝히도록 만든 것입니다.

기간산업
나라경제 발전의 바탕이 되는 기초산업을 말합니다. 기간산업은 수출주도의 경제성장을 이룩하는 데 중요한 역할을 하기 때문에 많은 나라에서 이들 산업의 상당부분을 개별자본의 이윤추구의 대상이 되지 못하도록 국가가 직접 소유, 운용하는데 철강 같은 금속산업, 석유 전력등과 같은 동력산업, 기계 조선 자동차 같은 기계 산업들이 여기에 해당합니다.

기술제휴
외국의 기업과 기술이나 특허 등을 서로 교환하고 제휴하는 것을 말합니다.

기업

자본주의 사회에서 이윤추구를 목적으로 하는 생산경제의 단위체 또는 그 활동을 말하는데, 넓은 의미에서 기업이란 경제사업체 그 자체를 말하며 좁은 의미로는 경제사업체의 주체를 가리킵니다.

기업공개

기업이 그 기업의 주식을 주식시장에 내다팔아 그 주식을 매입한 사람은 누구나 주주가 될 수 있게 하는 것을 말합니다.

노동 3권

노동자가 일하는 환경과 조건을 향상시키기 위해 헌법상에 보장된 세 가지 권리로, 단결권, 단체교섭권, 단체행동권을 말합니다.

다국적기업

국가적, 정치적 경계에 구애받지 않고 세계적인 범위와 규모로 영업하는 기업을 다국적 기업이라고 합니다. 여러 나라에 나가 있는 각 지점들은 모두 독립적인 성격을 가지며, 이익은 각 지점의 경영충실화를 위해 재투자하는 것을 원칙으로 합니다.

도매

생산자로부터 사들인 상품을 최종 소비자에 대한 판매 이외에 모든 판매를 포괄하는 방법입니다. 일반적으로 도매하는 상인을 도매업자(도매상)라 하고, 도매로 파는 가격을 도매가격이라 하며, 도매업자들로 이루어진 시장을 도매시장이라 합니다. 상품 값은 소매시장의 소매 가격보다 도매시장의 도매가격이 훨씬 싼 편입니다.

레저 산업

여가시간에 행하는 활동에 대하여 시설 용구의 제공이나 제조, 판매, 여가활동의 지도 등을 행하는 산업을 레저산업이라 합니다.

로열티

다른 나라의 기술이나 브랜드 등을 빌려 쓸 때 내는 사용료를 말합니다. 외국 상표로 음식점을 내거나 외국의 캐릭터를 사용할 때도 지불하며 외국영화를 상영할 때도 로열티를 지불합니다. 로열티를 지불하는 상품을 많이 사용할 경우 국내 산업이 어려워지고 외화가 빠져나가 경제가 어려워질 수 있습니다.

리콜

소비자에게 피해를 줄 수 있는 제품을 생산하거나 유통시킨 업체가 결함을 소비자에게 알리고 그 제품을 수리하거나 교환·환불하는 조치를 통해 소비자를 보호하는 제도를 말합니다. '소환 수리' 라고도 합니다.

마케팅

어떤 상품이 생산되어질 때 소비자에게 원활히 공급하기 위한 활동을 말합니다. 즉, 기업이 생산한 상품이나 용역을 소비자의 취향에 맞게 광고, 홍보, 판촉함으로써 소비자들이 상품이나 용역을 사도록

하는 활동입니다.

배당

주식회사가 벌어들인 돈 가운데 일부를 주주에게 되돌려주는 것을 배당이라고 합니다. 주식회사는 여러 사람이 돈이나 물건(땅, 기계 등)을 내어 공동으로 만든 회사입니다. 이때 낸 돈이나 물건을 '자본' 이라 하고 자본을 낸 사람을 '주주' 라고 합니다.

벤더업

다품종 소매업을 말합니다. 여러 메이커들로부터 상품을 대량으로 구입하여 소매점들에 필요한 상품을 골고루 한꺼번에 공급해 주는 유통체제. 미국, 일본 등에서 먼저 발달되었습니다.

벤치마킹

기업들이 특정 분야에서 뛰어난 업체나 상품, 기술, 경영 방식 등을 배워 자사의 경영과 생산에 합법적으로 응용하는 것을 말합니다. 단순한 모방과는 달리 우수한 기업이나 성공한 상품, 기술, 경영 방식 등의 장점을 충분히 배우고 익힌 후 자사의 환경에 맞추어 재창조하는 것이지요. 쉽게 아이디어를 얻어 새 상품을 개발하거나 조직 개선을 위한 새로운 출발점의 기법으로 많이 이용됩니다.

보호무역

자기 나라 산업을 보호하기 위해 다른 나라 상품이 들어오는 것을 막거나 제한하는 것을 말합니다.

부가가치

기업이 일정기간의 생산과정에서 새로 만들어낸 가치로, 물건을 판 돈에서 생산과정에 들어간 원료비 등 비용을 빼서 계산합니다.

부기

재산이나 손익을 정확하게 알기 위하여 재산과 자본의 늘어남과 줄어드는 변화를 장부에 기록 정리하는 절차를 말합니다.

부도

수표나 어음을 받은 사람이 돈을 받을 날짜가 되었는데도 지급인으로부터 돈을 받지 못하는 것을 부도라고 합니다. 기업이 부도를 낸다는 것은 어음을 막지 못했다는 뜻으로 모든 금융거래가 마비돼 사실상 기업 활동이 불가능해지게 됩니다.

부동산

토지와 건물처럼 움직일 수 없는 재산입니다. 토지에 소속되어 있는 지하수, 돌, 다리, 도로 등은 토지의 일부로 보고 토지 위에 건물이 있지만 각각 다른 부동산으로 취급됩니다.

빅딜

뜻이 표현하는 대로 '큰 거래'를 말합니다. 기업 간 대형 사업의 맞교환을 뜻하며 정부가 산업경쟁력을 높이기 위해 기업 구조조정의 수단으로 활용하고 있지요. 빅딜은 기업의 효율을 높이기 위해 대기업

간의 계열 사업을 서로 바꾸는 것을 말합니다. '빅(big)' 이라는 말이 붙는 것도 대기업 사이의 교환이기 때문입니다.

상장주식
증권거래소에서의 매매가 인가된 주식을 말하지요. 증권거래소에서 주식을 거래 매매하려면 상장기준에 적합한 자격과 조건을 갖춘 다음 거래소에 신청해서 상장 절차를 거쳐야 합니다.

상장회사
발행 주식을 증권시장에 상장시키고 있는 회사를 말합니다.

상품
다른 사람에게 팔기 위해 내놓은 물건을 상품이라고 합니다. 아무리 좋은 물건을 만들더라도 그것을 팔지 않고 자기 혼자 사용한다면 상품이 아닙니다. 팔기 위해 내놓은 물건만 상품이라고 합니다.

상품권
일정한 기간 내에 표기되어진 액면가에 상당하는 상품과 바꿀 수 있는 상점 발행의 무기명식 유가증권을 말합니다.

상호신용금고
서민금융의 편의를 목적으로 해서 설립된 금융기관이지요.

생산

물건을 만들어내는 일을 통틀어 생산이라고 합니다. 물건을 생산하기 위해서는 땅과 기계, 사람(노동력) 등이 필요한데 이를 생산요소라고 하지요. 똑 같은 비용을 들이고도 기업마다 물건을 만들어내는 양이 다를 수 있습니다. 이것을 생산성이라고 합니다.

세금

세금은 국가나 지방자치단체에서 쓰는 비용을 마련하기 위하여 국민으로부터 거두어들이는 돈입니다. 거둬들인 세금은 국민 각자의 힘으로 해결할 수 없는 국방, 치안, 교육시설, 경제개발 등 많은 일에 쓰이게 됩니다. 그밖에 불우한 이웃들에게 생활비를 지원하는 등의 일에도 쓰입니다.

소비

사람들이 필요한 물건이나 서비스를 돈을 주고 사는 것을 소비라고 합니다. 소비를 하기 위해서는 수익이 있어야 하고 또 사고 싶은 물건을 만들어내는 생산 활동이 있어야 합니다.

소비자 물가지수

전국의 도시에 살고 있는 일반 소비자가 느끼는 물가 수준을 알기 위한 지수입니다.

손익계산서

기업의 경영성적을 명확하게 하기 위하여 일정기간 동안 발생한 수익과 비용을 기재해 기업의 경영성과를 명시하는 계산서를 말합니다. 대차대조표와 더불어 재무제표에서 가장 주요한 서열을 차지하지요.

수입
　필요한 물건을 다른 나라에서 사오는 것을 수입이라고 합니다. 이렇게 수입된 물건은 수입품이라고 하지요.

수출
　수입과 반대로 우리나라에서 만든 물건을 다른 나라에 파는 것을 수출이라고 합니다. 수출한 금액과 수입한 금액의 차이를 무역수지라고 하지요. 수출을 수입보다 많이 하면 무역수지가 흑자를 기록하고, 반대로 수입이 많은 경우에는 무역수지 적자를 기록하게 됩니다.

수출 드라이브
　국내 경제의 불황으로 내수부진에 따른 판매 부진을 극복하기 위해 수출신장에의 압력이 가중되는 것을 말합니다.

수출자유지역
　한 나라가 수출을 장려하기 위하여 특별히 설치한 지역을 말합니다. 이 지역에서는 세관의 수속 없이 상품을 특정지역 내에 반입할 수 있으며 그 지역 내에서 자유롭게 상품 처리, 가공, 제조 등을 할 수 있습니다.

수표

발행인이 은행에 대해 정당한 소지인에게 일정 금액의 지급을 위탁하는 유가증권을 말합니다.

스톡옵션

사원들에게 자기 회사의 주식을 일정 한도 내에서 약정당시의 가격 또는 낮은 가격으로 살 수 있는 자격을 부여하는 제도입니다. 즉, 주식가격이 오르더라도 싼값으로 살 수 있도록 보장해 줌으로써 근로의욕을 높이는 일종의 보상제도라고 할 수 있습니다. 권리를 부여한 뒤 일정기간이 지나면 임의대로 처분할 수 있는 권한을 부여하는 것입니다.

시너지 효과

기업합병을 통해서 얻는 경영상의 효과를 말하는데 쉽게 말하면 상승효과라고 말할 수 있습니다.

CEO

최고경영책임자라는 뜻으로 어느 회사, 단체, 정부 부서의 총체적인 경영을 책임지는 가장 높은 위치에 있는 경영자를 말합니다. 보통 회장이나 사장을 의미하는데 대외적으로 기업을 대표하고 대내적으로는 이사회의 결의를 집행하고 회사 업무에 관한 결정과 집행을 담당하는 등 대표이사와 유사한 지위·권한을 갖습니다.

시장분석
시장조사를 하기 위한 전 단계로 그 방면에 박식한 전문가의 의견이나 정보 자료를 모아 보다 세밀하게 분석하는 것입니다.

시장점유율
한 회사의 특정상품 매출액이 국가 전체의 동일상품 매출액 가운데 차지하는 비율을 말하지요. 회사의 독과점 여부를 판정하는 기준이 되며 높은 점유율을 확보하면 그 상품의 시장가격이나 공급량을 어느 정도 조절할 수 있게 됩니다. 경쟁사 제품과의 비교 자료로도 이용되지요.

신용평가
돈을 빌린 개인, 기업, 은행, 국가 등이 돈을 빌린 후 갚을 능력이 있는지 여부를 평가하는 것을 말합니다. 신용평가를 하기 위해서는 해당되는 개인이나 기업, 은행 등에 대해 많은 정보가 필요합니다. 특히 기업이나 은행 같은 경우 복잡한 재무제표나 기업이 하고 있는 사업에 대한 분석 등이 이루어져야 합니다. 신용평가는 후에 신용등급을 표시해서 투자할 만한 기업인지 여부를 판단하는 데 사용합니다.

아웃렛
제조업체나 유통업체에서 팔리지 않고 남은 재고품 처리를 위해 마련한 매장을 말합니다.

양도 소득세
자산의 양도로 인하여 발생한 소득에 부과되는 세금. 토지나 건물 등을 팔았을 때 판 금액에서 살 때의 금액을 뺀 양도차익에 대해 부과되는 세금을 말합니다.

어음
어음을 발행한 사람이 특정한 날짜에, 얼마를, 누구에게 지급한다고 약속하거나 제3자에게 지급을 맡기는 유가증권입니다.

오퍼
무역거래에서 수출업자나 수입업자가 상대방에게 거래 조건을 적어 보내는 요청서를 말합니다.

외자유치
경제가 나빠져 달러가 부족해지면 다른 나라의 개인이나 기업에서 돈을 빌려야 합니다. 이때 정부에서 적극적으로 외국의 투자가들을 끌어들이기 위해 노력하는 것을 외자 유치라 합니다.

외환보유고
한 나라가 특정시점에서 가지고 있는 외화의 총액을 말합니다. 우리나라의 경우 중앙은행인 한국은행이 당장 동원할 수 있는 외화의 총액을 의미합니다.

우대금리

신용도가 높은 우량기업에 적용하는 유리한 이자율. 최우량기업 대출금이라고도 하는 이 우대금리는 최우량 기업에 대한 특별 금리로서 기업, 가계대출 금리의 하한선인 동시에 기준이 됩니다.

워크아웃

기업가치 회생작업을 가리키는 말로 회생시킬 가치가 있는 기업을 살려내는 작업을 말합니다.

인수합병

인수와 합병을 합친 말로, 둘 이상의 기업이 합쳐져 하나의 기업이 되는 것을 뜻합니다.

인정과세

소정기일 내에 납세신고를 하지 않거나 그 신고가 부적당하다고 인정될 때 정부가 조사한 과세자료에 근거하여 과세표준액을 설정하여 부과하는 조세를 말합니다.

인턴제

기업에 입사 희망자를 일정한 기간 동안 실습사원으로 근무케 한 다음 그 중에서 기업이 필요하다고 인정되는 실습사원을 정식사원으로 선발하는 직원채용제도를 말합니다.

인플레이션
물가상승으로서 한 국가의 재화와 용역가격 등의 전반적인 물가가 지속적으로 상승하는 경제 상태를 말합니다.

자기자본 비율
총자본에서 부채를 뺀 자본이 차지하는 비율을 말합니다. 기업의 안정성을 가늠해 볼 수 있는 기준이 됩니다. 총자본 가운데 자기자본이 많을수록 기초가 튼튼한 기업으로 분류됩니다.

자유경제
국가의 간섭이나 통제 없이 기업이나 경제 활동의 자유가 인정되는 경제를 말합니다.

재벌
경제계에서 큰 세력을 가진 자본가·기업가의 무리 또는 일가나 친척으로 구성된 대자본가 집단을 말합니다.

재테크
기업이 본래의 영업활동과는 상관없이 금융수익을 얻기 위해 벌이는 재무활동입니다.

전자상거래
인터넷이나 통신망을 통한 상거래를 말합니다.

주식

회사(기업)를 차리기 위해 사람들이 낸 돈이나 물건을 자본이라고 하고, 자본을 낸 사람을 주주라고 합니다. 회사는 주주들에게 자본을 낸 만큼의 주식을 나누어 줍니다. 즉 주식은 회사의 주인임을 증명하는 증표인 셈입니다.

주식회사

주식의 발행을 통해 여러 사람으로부터 자본을 조달해 만든 회사를 말합니다.

중개무역

삼국간 무역이라고도 하며, 간접무역의 한 형태로 수출국과 수입국의 중간에 제3국의 상인이 개입하여 이루어지는 무역을 말합니다.

중소기업

소유와 경영의 독립성을 확보하고 있으며 규모가 상대적으로 작은 기업을 말합니다. 일반적으로 중소기업의 범위는 상시 근로자 수나 자산액, 자본금 또는 매출액 등과 같은 수량적인 기준에 따라 정하고 있습니다.

증권

재산상의 권리, 의무에 관한 사항을 기재한 문건으로 유통과 대체성이 원활하여 언제고 현금으로 전환이 가능합니다.

증권거래소

증권거래소는 증권의 매매를 위해 열리는 상설 유통 시장으로, 1956년 유가증권의 매매·거래를 위하여 필요한 시장을 개설함을 목적으로 하여 설립한 법인으로 한국증권거래소의 준말입니다.

첨단산업

1990년대부터 발달하기 시작하였으며, 정보 통신·전자 공업과 우주·항공기 산업 등 아주 높은 기술을 필요로 하는 산업입니다. 통신위성, 인터넷 등의 정보 통신 산업처럼 높은 기술이 바탕이 되며, 컴퓨터와 가전제품 등을 만드는 반도체와 관련된 산업입니다.

최저임금제

근로자의 최저임금을 법정화 하는 제도입니다. 이 제도의 목적은 국가가 법적 강제력을 가지고 임금의 최저한도를 정해 이를 밑도는 수준으로는 사용자가 근로자를 고용하지 못하도록 함으로써 상대적으로 불리한 위치에 있는 근로자를 보호하는 데 있습니다.

컨설턴트

기업경영에 기술적인 상담이나 진단에서부터 전문적인 지식의 조언과 지도에 이르기까지 포괄적으로 정보를 제공하는 사람을 말합니다.

코스닥

주식시장은 증권거래소를 통해 주식이 매매되는 시장입니다. 주식은 주식시장에 '상장'을 해야 거래가 되며 그 조건이 까다롭습니다. 상장할 만한 조건을 갖추지 못했어도 유망한 기업이 있는데, 이들 기업의 주식이 거래되는 시장이 코스닥 시장입니다. 장외시장(場外市場)이라고도 하지요. 장외시장도 아무 기업이나 등록(주식시장에서는 상장, 코스닥시장에는 등록한다고 표현)할 수 있는 것이 아닙니다. 유망 중소기업이나 유망 벤처기업을 대상으로 합니다.

투자

회사를 새로 차리거나 현재 있는 회사를 더 키우기 위해 돈(자본)을 더 넣은 것을 투자라고 합니다. 또 새로운 개발이나 연구를 위해 돈을 투입하는 것도 투자의 일종입니다.

파업

파업이란 노동자의 생활과 근로환경을 개선함 등 요구달성을 위하여 일정 기간 동안 노동을 거부하는 일을 말합니다. 18세기에 산업혁명과 같이 시작이 되었습니다.

프랜차이즈

상품을 만들고 판매하는 제조업자 혹은 판매업자가 체인본부를 구성하여 독립소매점을 가맹점으로 해 소매영업을 하는 것을 말합니다.

프랜차이즈 체인

물건을 생산하고, 서비스하는 데에 특권(프랜차이즈)을 가지는 본부가 가맹점을 모아 만드는 연쇄기업입니다. 본부는 가맹점에게 표준화

된 생산품을 납품하고 홍보해 주며, 가맹점이 번창할 수 있도록 여러 지원을 합니다. 반면 가맹점은 이에 대한 로열티를 본부에 지급합니다.

하청기업
대기업의 주문에 따라 그 생산 공정의 일부를 떠맡는 기업을 말합니다.

환율
자국의 화폐와 외국 화폐와의 교환비율을 말합니다. 우리나라 돈과 다른 나라 돈을 맞바꿀 때 얼마에 바꿔야 할지를 정하는 교환비율입니다.

헤지펀드
100명 미만의 투자자에게 자금을 모아서 국제금융시장의 여러 상품에 투자하는 투자신탁을 말합니다. 여러 상품에 나누어 투자하는 이유는 투자할 때 발생할 수 있는 손실을 피하기 위해서입니다. 이렇게 모은 자금은 버뮤다 제도같이 세금을 피할 수 있는 곳에 기반을 두고 운영됩니다.

휴면예금
일정기간 찾아가지 않는 예금을 말합니다. 예금 잔액을 기준해 1만 원 미만은 1년 이상 거래가 없을 때 거래중지계좌, 휴면예금계좌로 분류됩니다. 1만~5만원 미만은 2년 이상, 5만 원 이상은 3년 이상을 기준으로 은행은 이를 별로 관리해 그 후 5년간 거래가 없을 때는 은행의 잡수익으로 처리되어 법률상 고객에게 돌려줄 의무가 없어집니다.

부자가 되기 위해 꼭 알아두어야 할 주식 상식

● 주식이란 무엇인가요?

사업을 하기 위해 다섯 명 이상 돈을 모아 회사를 만들었을 때 이를 주식회사라 하고 이때 모은 돈을 자본금이라고 하지요. 이 자본금은 회사를 운영하는 데 쓰고 투자한 돈만큼 서로 나눠서 가지게 되는데 이를 지분이라고 합니다.

회사가 만들어지면 회사는 당연히 상품을 만들어 팔게 될 것이고 그러면 당연히 이익을 남기게 될 것입니다. 이때 법에서 정해 놓은 만큼의 이익을 남기게 되면 그 회사의 주식은 맨 처음 투자했던 투자자들 말고 일반 사람들 모두 사고 팔 수 있는 가격을 주게 됩니다. 이때 주식을 팔고 사는 시장을 주식시장이라고 하지요.

이렇게 형성된 주식을 얼마만큼 잘 사느냐에 따라 주식투자에서 성공하여 돈을 많이 벌었느냐, 돈을 잃었느냐로 나눠지게 됩니다. 워렌 버핏은 이렇게 주식을 잘 사 세계에서 두 번째로 돈이 많은 갑부가 된 것입니다.

우리나라에는 코스피와 코스닥 두 가지의 시장이 있습니다.

코스피(KOSPI)란 : 종합주가지수를 말합니다.

좀 더 자세하게 설명하면 증권시장에 상장된 상장기업의 주식변동을 기준시점과 비교시점을 비교하여 작성한 지표로서 증권거래소에 상장된 주식의 증권시장지표 중에서 주식의 전반적인 동향을 가장 잘 나타내는 대표적인 지수지요.

시장전체의 주가 움직임을 측정하는 지표로 이용되며 있으며 또한 투자성을 측정하며 다른 금융상품과의 수익률을 비교하여 경제 상황 예측지표로도 이용되고 있습니다.

KOSDAQ(코스닥)이란? : 코스피보다 완화된 조건을 충족하여 등록심사를 거쳐 통과된 기업들을 의미합니다. 일반적으로 벤처기업을 가리킵니다. 코스피에 있는 종목들은 상장이라고 표현하며 코스닥에 있는 종목들은 등록으로 표현하게 됩니다.

● 주식회사에 대해서 좀 더 알고 싶어요.

　주식회사의 기원은 1602년에 설립된 네덜란드의 동인도 회사로서 1612년에는 영국이 이 회사를 모방하여 동인도 회사를 설립했습니다. 주식회사는 소유와 경영이 분리된 기업형태로서 현대 기업의 대표적인 형태입니다.

　주식회사는 여러 사람이 돈을 같이 내서 회사를 차리는 방법으로 만들어지는 회사인데 내가 돈을 내면 돈을 낸 만큼 회사의 주인이 되는데 회사는 내가 주인으로 있는 부분만큼 주인을 인정해주는 표시로 주식이라는 것을 주게 됩니다. 이 주식을 가지고 있으면 나중에 회사의 중요한 문제를 의논하고 결정하는 주주총회가 있을 때 주식을 가지고 있는 만큼 투표를 할 수 있게 됩니다.

　주식회사에서는 회사의 주인들을 주주라고 하고 그 주주들이 모여서 회사 일을 결정하는 것을 주주총회라고 하는데 그 주주총회에서 투표를 할 때 한사람이 한 표만 가지는 것이 아니라 주식 하나마다 한 표씩 투표를 할 수 있게 됩니다.

　주식을 셀 때는 한 주, 두 주 이렇게 세는데 내가 만약 주식을 200주를 가지고 있다면 나는 200표를 투표할 수 있게 됩니다.

보통 주권을 가지고 있는 우리는 투표를 할 때 저마다 한 표씩을 행사할 수 있는데 주식의 투표 권리행사는 그렇지 않습니다. 이런 점이 다르다는 것을 알아 두어야 합니다.

그렇다면 어린이 여러분도 주식에 투자를 할 수 있는 것일까요? 괜찮습니다. 이미 워렌 버핏은 예닐곱 살 때부터 주식투자를 하면서 투자에 대한 감을 익혔고 경제에 대하여 눈을 떠갔습니다. 남들보다 일찍 자본시장을 알면 은행에 예금하는 것과 주식투자를 하는 것을 통해서 경제를 보다 잘 알 수 있는 방법이 있습니다.

어리다고 주식투자를 못하는 것은 아닙니다. 오히려 어린이들이 어른들보다 주식투자를 더 잘한 적도 많이 있다는 것을 기억해 두십시오.

영국에 티아 로버츠라는 여섯 살짜리 어린 여자아이가 주식투자를 직업으로 가지고 있는 주식전문가와 영국의 점성술가와 같이 1년간 주식투자 게임을 벌인 적이 있었습니다. 당시 영국의 주식시장이 몹시 좋지 않아서 주가가 16%가량 떨어졌다는데 이때 점성술가는 6.2%를 손해 보았고 주식전문가는 46.2%의 손해를 봤습니다. 그런데 놀랍게도 어린 티아는 5.8%의 수익을 올려 투자 게임에서 이겼습니다. 믿어지지 않는 사실이지만 그러나 이것은 실화입니다. 더욱이 재미있는 것은 티아가 주식투자에서 어른들을 이긴 것이 이때가 처음이 아니라는 거지요. 티아는 종종 어른들을 이겨 세상 사람들을 깜짝 놀라게 한 것입니다.